KB099846

IJS 서울대학교 일본연구소
Reading Japan 20

재특회(在特会)와 일본의 극우

배외주의운동의 원류를 찾아서

在特会と日本の極右
―排外主義運動の源流をたどって

저 자 : 히구치 나오토(樋口直人)
역 자 : 김영숙

제이앤씨
Publishing Company

본 저서는 정부(교육과학기술부)의 재원으로 한국연구재단의 지원을 받아 출판되었음(NRF-2008-362-B00006).

책을 내면서

서울대 일본연구소는 국내외 저명한 연구자와 다양한 분야의 전문가를 초청하여 각종 강연회와 연구회를 개최하고 있습니다. 〈리딩재팬〉은 그 성과를 정리하고 기록한 시리즈입니다.

〈리딩재팬〉은 현대 일본의 정치, 외교, 경영, 경제, 역사, 사회, 문화 등에 걸친 현재적 쟁점들을 글로벌한 문제의식 속에서 알기 쉽게 풀어내고자 노력합니다. 일본연구의 다양한 주제를 확산시키고, 사회적 소통을 넓혀나가는 자리에 〈리딩재팬〉이 함께하겠습니다.

IJS
서울대학교 일본연구소
Reading Japan 20

차 례

강연록

재특회가 외로운 젊은이들이 동료를 찾아 울분을 해소하는 장이라는 것은 현실을 제대로 파악하지 못한 견해이다. 나는 2011년부터 1년 동안 재특회 등의 활동가 34명에 대해 인터뷰 조사를 했다. 처음에는 저학력의 불안정한 취업자가 재특회에 이끌린다고 생각하고 있었으나 그 예상은 보기 좋게 빗나갔다. 즉, '이상한 자들의 이상한 행동'으로 치부하는 것은 잘못된 이해였다. '이상한 행동이 정상적인 사람들 사이에 퍼져 있다'고 생각하지 않으면 재특회가 대두한 배경을 해명할 수 없다.

강연록

재특회(在特会)와 일본의 극우
: 배외주의운동의 원류를 찾아서

히구치 나오토
(樋口直人)

1. 재특회의 충격－무엇을 문제 삼을 것인가

"더 이상 조선인을 날뛰게 내버려두면 일본인이 죽임을 당한다."

"범죄 조선인을 모두 죽여라."

"코리아타운을 불태워버려라."

이것은 모두 2000년대 후반 이후의 일본에서 '재일특권(在日特權)을 용납하지 않는 시민모임(재특회)'이라는 단체의 구성원이 가두에서 외친 말들이다. 너무 심한 표현에 외면하고 싶은 사람, 분노를 느끼는 사람도 많을 것이다. 한편, 재일 코리안은 일본강점기부터 차별을 계속 받아왔으므로 위와 같은 배척의 표현을 새삼스럽지 않게 여기는 사람도 있진 않을까?

그러나 재특회가 일본 사회에 미친 영향은 지대했다. 처음에는 언론도 '일부 이상한 자들의 행동'으로 무시했지만 2010년 조선학교 등에 대한 적대행위로 체포되는 등 신문에 등장하게 되었다(〈그림 1〉 참조). 재특회에 대한 대항운동이 발생한 2013년부터 사회적으로 주목 받기 시작했으며 활동을 비판할 때 사용된 '헤이트 스피치(Hate Speech)'라는 단어가 급속히 침투하였다.

〈그림 1〉 헤이트 스피치/재특회의 기사 건수

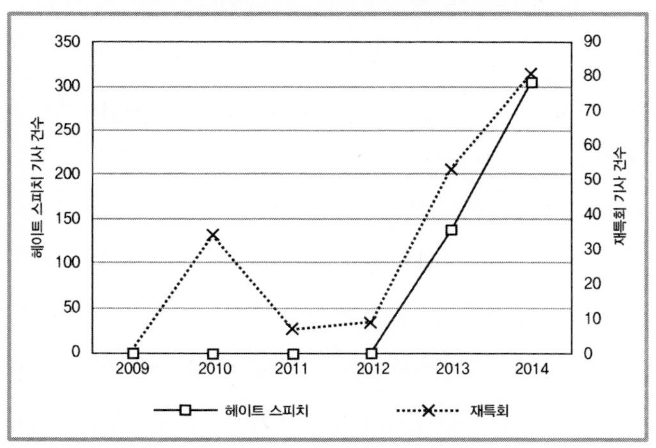

출처: 『아사히(朝日)신문』「Digital News Archive」에서 계산

대항운동은 재특회의 시위를 포위해 "인종차별주의자는 떠나라." 등의 주장이 적힌 플래카드를 내걸고 큰소리로 매도해 위협함으로써 활동을 멈추게 하였다. 이 항의는 극적인 효과를 가져와 재특회 측 참가자는 감소하였으며 그들이 절대적인 사회악이라는 인식도 자리 잡았다. 항의운동은 정치에도 영향을 미치고 있어 제1야당인 민주당 등이 인종차별 철폐 기본법을 국회에 내는 원동력이 되고 있다.

배외주의운동은 급속히 확산되었지만 이에 위기감을 느낀 시민들이 재특회에 맞섬으로써 일본 사회의 자정능력을 증명한 것은 사실이다. 재특회가 예전의 기세를 되찾는 일은 이제 없을 것이다. 그러나 재특회의 쇠퇴 현상만으로 일본이 배외주의를 봉쇄했다고 할 수 있을 만큼 사태는 단순하지 않다. 재특회가 외로운 젊은이들이 동료를 찾아 울분을 해소하는 장이라는 것은 현실을 제대로 파악하지 못한 견해이다. 나는 2011년부터 1년 동안 재특회 등의 활동가 34명에 대해 인터뷰 조사를 했다. 처음에는 저학력의 불안정한 취업자가 재특회에 이끌린다고 생각하고 있었으나 그 예상은 보기 좋게 빗나갔다. 즉, '이상한 자들의 이상한 행동'으로 치부하는 것은 잘못된 이해였다. '이상한 행동이 정상적인 사람들 사이에 퍼져 있다'고 생각하지 않으면 재특회가 대두한 배경을 해명할 수 없다.

이 책에서는 다음과 같은 두 가지 내용을 전개한다. 첫째, 21세기 일본에서 외국인 배척이나 혐한행위를 하는 것은 누구이며 왜 그런 행동을 하는지 이유를 밝힌다. 둘째, 이런 움직임이 발생한 배경을 밝혀나간다. 이때 재특회뿐만 아니라 '일본회의', '새로운 역사교과서를 만드는 모임' 등을 일괄적으로 '극우'로 취급함으로써 하나의 연속된 흐름으로 다루고자 한다. 한국에서 '극우'는 아베 신조(安倍晋三) 현 수상 등 일본의 일부 정치가와 단체를 가리키는 단어로 정착되어 있으나 일본에서는 그렇지 않다. '극우'라는 것은 유럽의 현상으로서 일본에도 존재한다고는 간주되지 않았다. 지금까지 극우에 대해 '보수'라는 단어를 써왔으므로 실질적으로 극우가 존재하는데도 극우라는 단어의 사용을 기피하는 묘한 상황이다. 극우로 불러야 할 존재가 있음에도 불구하고 그 단어를 피해옴으로써 일본의 정치를 보는 관점 하나를 잃어온 것은 아닐까?

그럼 여기서 말하는 극우란 무엇을 가리키는가? 유럽의 극우와의 공통점은 내셔널리즘과 배외주의 양쪽에서 주류파의 보수보다 극단적인 주장을 한다는 점이다.[1] 재

1) C. Mudde, *Populist Radical Right Parties in Europe*, Cambridge: Cambridge University Press, 2007.

특회는 이 정의에 딱 맞지만 그것만으로는 일본의 극우를 너무 좁게 규정해버린다. 일본 대부분의 극우는 외국인 배척을 분명한 기치로 내걸어오지 않았기 때문이다. 그러나 ① 내셔널리즘에 덧붙여, ② 배외주의, ③ 역사수정주의, ④ 전통주의, ⑤ 반공주의의 어느 한 쪽으로 넓혀보면 주류파 보수보다 강경한 주장을 하는 세력은 끊임없이 존재해왔다. 따라서 ① 내셔널리즘+②, ③, ④, ⑤ 중 하나 이상이 더해진 집단을 이 책에서는 극우로 간주한다. 버스 등을 개조해 검게 칠한 차에서 군가를 크게 틀어주는 '우익'은 ① 내셔널리즘, ④ 전통주의(천황 숭배), ⑤ 반공주의(반소)를 부르짖으며 극우의 일부가 된다. '새로운 역사교과서를 만드는 모임'도 ① 내셔널리즘과 ③ 역사수정주의를 부르짖는 극우라고 할 수 있다. 필자는 배외주의 운동 연구에서 출발하고 있으나 그 배경을 보기 위해서는 극우 전체로 눈을 돌리지 않으면 안 된다고 느끼게 되었다. 다음에서 행하는 것은 눈앞의 배외주의를 기점으로 한 일본 극우의 실상을 분명히 드러내는 작업이다.

2. 누가 왜 극우주의에 빠져드는가

2.1. 재특회란 무엇인가

재특회는 '재일특권' 폐지를 목표로 내세우며 2007년부터 활동을 시작한 단체다. 즉, 재특회는 재일 코리안에게 적용되는 출입국관리 특례법(특별 영주 자격), 통명(通名) 사용, 생활보호 우대, 조선학교에 대한 보조금이 '재일특권'이라고 한다. 이것은 물론 재특회가 날조한 악질적인 유언비어이며 재일 코리안을 배척하기 위한 구실에 지나지 않는다. 그러나 재특회는 설립 후 불과 수년 만에 급성장해 2016년 1월 기준 회원 수는 15,000명이 넘었다. 회원이라 하더라도 회비를 내거나 활동에 참가할 필요는 없으며 단순히 재특회 웹사이트에 등록한 사람의 숫자일 뿐이지만 전국 각지에서 이벤트를 벌일 정도의 조직력은 있다.

재특회의 조직적인 특징으로서는 기존 조직이나 인간관계를 기반으로 하는 것이 아니라 간부나 회원, 자금에 이르는 대부분을 인터넷만을 통해 모으고 있는 것을 들 수 있다. 창립자이자 초대 회장인 사쿠라이 마코토(桜井誠)는 2003년 9월 '이상한 나라, 한국'이라는 홈페이지를 개설해 웹페이지상에서 알게 된 동료들과 재특회를 결성하였다. 그 후 시위나 가두연설 동영상을 인터넷에 업로드해 그 시청자가 재특회를 알게 되어 회원이 되고 시위에 참가하는 형태로 확대되어 왔다. 이것은 다음에 설명하는 '일본회의'가 종교우익, 일본유족회, JC(청년회의소)라는 기성 조직을 토대로 조직되어 있는 것과 대조적이다.

일본에서는 기성 정당이나 대규모 조직에서 독립한 자발적인 사회운동을 시민운동이라고 불러왔으나 이것은 기본적으로 좌파나 반보수를 전제로 해왔다. 극우 시민운동의 선구는 1997년 결성된 '새로운 역사교과서를 만드는 모임'인데 이것도 종교단체나 경제단체가 지원해주는 성격이 강했다. 재특회는 간부조차도 인터넷에서 알게 된 사람들의 모임으로 최초의 순수한 극우 시민운동이라고 할 수 있다.

재특회의 발자취는 인터넷이라는 새로운 동원의 기반을 사용하는 강점과 기성 조직의 지원이 없는 약점의 양쪽을 체현하고 있다. 우선 재특회의 회원 수와 증가분을 나타낸 〈그림 2〉를 통해 그 강점과 급속한 확대의 배경을 살펴보자.

〈그림 2〉 재특회 회원 수의 추이

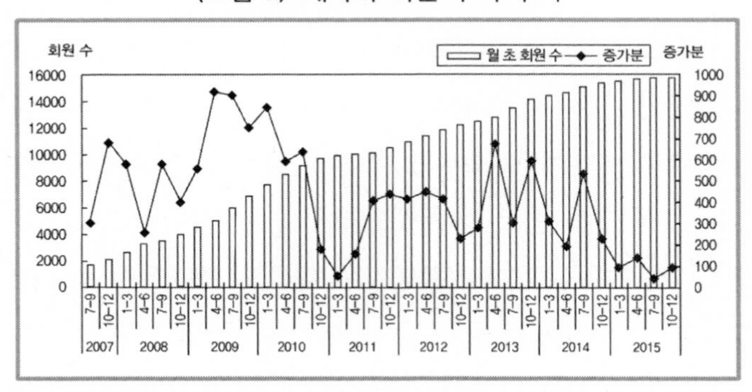

출처: 사쿠라이 마코토 블로그(http://ameblo.jp/doronpa01/page-1.html #main)에서 계산

그림 속의 막대그래프는 회원 수를 나타내지만 더 중요한 것은 증가분을 나타내는 꺾은선 그래프이며 이것은 재특회가 지지를 받으며 확대되는 모습을 나타내는 척도로 여겨진다. 이를 보면 회원이 가장 많이 증가한 것은 2009년 4월부터 1년 동안인데, 두 가지 요인이 작용했다. 첫째, 비정규 체재 필리핀인 일가에 대해 중학생 자녀만 재류가 인정되고 양친은 강제 송환된 사건이다. 가족이 헤어지게 된 데 대해 비판적이던 언론은 전원 재류를 지지하는 논조를 취하고 있었다. 그러나 재특회는 가족 전원의 강제 송환을 외치며 자녀가 다니는 중학교 앞에서 시위, 행진해 언론의 논조에 불만을 가진 사람들의 지지

를 결집했다. 두 번째는 2009년 9월 발족한 민주당 정권에 대한 반발이었다.

이런 내용은 언론의 재특회 보도 추이를 보여주는 〈그림 1〉과 시차가 있는데 이것은 교토(京都) 조선학교나 도쿠시마현(徳島県) 교직원노동조합 등에 대한 적대행위에 따라 2010년 체포자를 배출하면서 재특회가 처음으로 언론에 본격적으로 등장했기 때문이다. 그 후 회원 수 증가가 둔화되면서 재특회는 기세가 꺾였다. 더욱이 2013년이 되자 재특회의 행동을 중지시키는 반대운동이 발생했으며 재특회의 언동을 비판하기 위해 사용된 '헤이트 스피치'라는 단어는 그 해 유행어 '톱 10'에 들었다. 그 결과, 2015년이 되면서 회원 수는 정체되고 창립자인 사쿠라이도 회장직에서 물러나지 않을 수 없는 상황이 되었다.

이것은 폭력적인 배외주의에 대해 일본 사회가 보여준 자정작용이라고 생각할 수 있다. 재특회가 가두행동을 할 때마다 재특회를 훨씬 상회하는 수의 시민들이 포위해 항의한다. 그런데 그런 현상만으로 일본이 양식을 발휘해 극우를 몰아냈다고 할 수 있을까? 가두에 나타난 극우 재특회에 대해서는 아마 그렇게 말할 수 있을 것이다. 그러나 극우의 뿌리는 더 깊으며 재특회를 예외나 비정상이라고 단정할 수는 없다.

2.2. 누가 배외주의자가 되는가

한국어로 번역된 야스다 고이치(安田浩一)의 『거리로 나온 우익(원제 『ネットと愛国』, 講談社, 2012)은 재특회 창설자인 사쿠라이 마코토의 출신을 폭로하는 데서 출발한다. 기타큐슈(北九州)의 한 부모 가정에서 성장해 고등학교를 졸업하고 경비원 등 비정규직을 전전하고 학교에서도 눈에 띄지 않던 사쿠라이가 혐한 홈페이지 만들기에 열을 올려 재특회 회장으로서 악명을 높여갔다. 사쿠라이의 이런 이력은 사회 저변층이 재특회를 지탱하고 있다는 강한 인상을 심어주었다. 이것은 일본판 일베인 넷우익에 대한 이미지와 공통된다.

그러나 이런 '저변층이 담당자'라는 설에는 실증적인 근거가 없다. 야스다 이외의 르포르타주는 오히려 일정한 여유가 있는 층이 활동가가 되는 것을 시사하고 있다. 넷우익에 대한 선행연구도 하류 계층이 담당자가 된다는 주장은 하지 않고 있다.[2] 필자가 가진 두 개의 데이터를 통해 알 수 있는 실상은 다음과 같다.

2) 辻大介, 「『ネット右翼』的なるものの虚実—調査データからの実証的検討」, 小谷敏他編, 『若者の現在』, 日本図書センター, 2011.

〈표 1〉 배외주의운동 활동가의 배경

연령대	학력	직업	고용 형태
20대 4	고졸 이하 7	화이트칼라 22	정규직 30
30대 13	전문학교 중퇴·졸업 3	자영업자 4	비정규직 2
40대 11	대학 재학·중퇴·졸업 24	블루칼라 6	대학생 2
50대 4		대학생 2	
60대 2			
합계 34	34	34	34

첫째, 재특회 운영을 담당하는 간부에 대한 조사 결과다. 활동가의 배경은 〈표 1〉에 나타난 바와 같으며 대졸 30~40대의 한창 일할 연령대가 핵심이 되어 있음을 알 수 있다. 재특회 등의 시위를 보면 사람과 눈을 마주치지 못하거나 거동이 수상한, 일반적인 사회생활이 어렵다고 생각되는 사람이 최대 약 20% 존재한다. 그러나 운동의 중추를 담당하는 것은 생활이나 일에 일정한 여유가 있는 계층이며 그런 '정상적인' 사람이 배외주의에 빠진다는 점에 주목해야 할 것이다.

둘째, 2015년 12월 '위안부' 문제로 박근혜 대통령과 아베 신조 수상이 발표한 합의에 대한 반응 데이터다. 일본에서 이 합의는 대체로 찬성으로 받아들여졌으나 거부 반응자들도 있었다. 아베 수상은 페이스북을 적극 활용하는 것으로 알려져 있으며 지지자가 직접 댓글을 다는 경

〈표 2〉 아베 수상의 페이스북에 비난 댓글을 적은 사람의 속성

학력			연령		
	N	%		N	%
대학 재학·졸업	300	58.6	10대	3	1.1
고등전문학교·단과대학	22	4.3	20대	28	10.3
전문학교 졸업	54	10.5	30대	52	19.2
고졸	132	25.8	40대	95	35.1
고교 재학·중퇴	3	0.6	50대	57	21.0
예비교생	1	0.2	60대	36	13.3
합계	512	100.0		271	100.0

우도 많다. 그러나 합의 다음날 아베 수상이 쓴 연말인사에 대해서는 한국에 대한 '저자세'를 비판하는 댓글이 쇄도했다. 댓글을 쓴 페이스북 사용자 1,400명은 아베를 '오른쪽에서' 질타한 넷우익이라고 간주해도 될 것이다.

그중 학력이나 연령 공개자를 집계한 〈표 2〉를 보면 대졸 출신이 59%임을 알 수 있다. 2015년 기준 일본의 대학진학률은 50% 이상이지만 한국보다 낮으며 연령이 올라갈수록 낮아지므로 이것은 상당한 고학력이라고 할 수 있다. 연령에 대해서도 30~50대가 대부분으로 한창 일할 연령대가 주요 담당자가 되고 있다. 페이스북은 트위터나 라인 등 다른 SNS보다 사용자의 연령이 높다는 점을 고려해야 하지만 불우한 젊은층이 넷우익이 된다는 견해는 해

당되지 않는다.

2.3. 왜 배외주의에 빠져드는가

그렇다면 불우하다는 것 이외의 무엇 때문에 배외주의에 빠져들게 되는가? 필자가 인터뷰한 범위 내에서 특징적이었던 것은 정치적으로 보수파가 많았다는 것이다. 극우인 이상 이것은 당연한 것처럼 여겨질지도 모른다. 그러나 일본에서는 이런 이데올로기적 배경을 지적한 연구가 거의 없다.

여기서 다시 재특회 활동가에 대해 살펴보자. 〈표 3〉은 평소 투표행위에 대한 질문의 대답인데 기본적으로 선거에서 기권하지 않고 투표하고 있다. 그때 약 80%가 보수정당인 자민당에 투표했다. 열렬한 자민당 지지층은 아니지만 대체로 안정된 보수 지지층이라고 할 수 있다. 활동가들의 공통점은 자민당에 대한 상대적 안심과 좌익적인 것에 대한 혐오였다.

이 자체는 일반적인 보수층의 의식과 다르지 않다. 활동가들과 대화해보면 주위사람들과 유리되는 극단적인 정치적 언동자는 오히려 소수파였다. 일상적인 발언으로 보아 '보통사람'이며 이상한 사람으로서 두드러지는 일도 없다. 재일 코리안에 대한 증오도 보수적인 사람이 일반

〈표 3〉 활동가의 투표 행동

선거		투표하는 곳	
하러 간다	9	자민당	23
가끔 간다	1	민주당	2
기권	2	사회당·공산당	1
미성년	2	민사당(民社黨) 또는 자민당	1
		정하지 않았다	2
		백지 투표	1
합계	34	합계	30

적으로 가진 의식을 증폭시킨 것이며 질적으로 새로운 것은 없었다. 이런 의미에서 재일 코리안 배척 주장은 돌발적으로 나타난 것이 아니라 보수층의 의식 속에 어느 정도 뿌리내린 것이라고 할 수 있다.

그런데 이런 주장을 공언하는 세력이 나온 것은 2000년대 후반 무렵이다. 당시까지는 재일 코리안에 대해 차별의식을 가진 사람이 많았다고 하더라도 배척의 표적으로 삼으려고 하진 않았다. 왜 21세기에 들어오면서 재일 코리안 배척을 호소하는 시위가 벌어지게 되었을까? 그것에 대해 생각해보는 데 단서가 되는 것은 〈표 4〉의 결과다.

〈표 4〉 재일 코리안 배척에 가담한 계기가 된 사건

구분	구체적 계기	사람 수	
「외국인 문제」	외국인 노동자	2	6
	필리핀인 일가의 재류 특별 허가	2	
	외국인 참정권	1	
	재일 코리안의 집중 거주지역 문제	1	
한국	스포츠(월드컵, WBC(World Baseball Classic))	2	2
북한	납치문제	4	4
중국	센카쿠 문제	1	5
	중국의 반일 시위	1	
	천안문 사건	1	
	베이징 올림픽	2	
역사	역사수정주의	8	8
기타	인권옹호법에 대한 반대	1	9
	창가학회 비판	2	
	우익적 교육에 대한 공감	1	
	민주당 정권(2009년)의 탄생	2	
	우익에 대한 동경	2	
	우익 지인의 권유를 받았다	1	
합계		34	34

이 표는 활동가가 재일 코리안 배척에 가담하게 된 계기를 나타내고 있으나 외국인을 직접 접한 것은 34명 중 6명뿐이었다. 더욱이 6명 중 재일 코리안 관련 사항을 거론한 것은 2명뿐이며 대체로 의미 있는 원인은 아니었다. 실제로 외국인과의 접점이 있던 사람은 과반수 이하

뿐이고 '외국인 문제'를 의식하는 사람은 3명밖에 없었다. 일본의 외국인 인구비율은 1.7%(2015년 기준)로 한국보다 낮으며 이민이나 외국인에 대한 낮은 사회적 관심도를 반영하는 결과라고 할 수 있다.

이것을 대신해 계기가 된 것은 한국, 북한, 중국이라는 근린제국에 대한 적의(11명)와 역사수정주의(8명)였다. 역사수정주의란 메이지유신(明治維新)부터 제2차 세계대전까지 일본의 행동을 미화·정당화하는 이데올로기를 가리킨다. 이것은 이런 역사인식에 이의를 제기하는 한국이나 중국에 대한 적의로 변화하므로 근린제국에 관여하게 되는 계기를 과반수로 간주할 수 있다. 즉, 재일 코리안에 대한 증오는 소위 '외국인 문제'인 재일 코리안과의 접촉이나 재일 코리안에 대한 부정적인 보도에서 발생한 것은 아니다. 근린제국에 대한 적의가 처음 발생하고 그것이 변화해 '재일 근린제국민'인 재일 코리안(정도는 낮지만 재일 중국인)에 대한 증오를 낳는다.

이렇게 생각함으로써 재특회와 기성 극우단체와의 접점이 보이게 된다. 전후 일본 극우의 최대 적은 반공주의와 북방영토 문제 양쪽에서 관계된 소련이며 동아시아의 근린제국이 아니었다. 그것이 크게 변화한 것은 냉전이 끝난 후이며 현재 한국, 북한, 중국이 표적이 되었다.

극우의 적대세력이 왜 어떻게 변화했는지는 다음 장에서 입증해보자.

3. 역사수정주의와 근린제국에 대한 증오

3.1. 극우 적대세력의 변화

일본에는 한국과 마찬가지로 종합잡지로 불리는 월간지가 존재하며 보수파의 『문예춘추(文藝春秋)』와 진보파의 『세계(世界)』를 대표로 하는 논조가 좌우의 관심을 나타내는 척도가 되고 있다. 여기서 파악하려는 것은 주류 보수파에 속하는 『문예춘추』보다 더 오른쪽, 즉 극우의 관심이다. 그에 해당하는 『제군(諸君)!』(2009년 폐간), 『정론(正論)』, 『WiLL』이라는 3개 극우 잡지 기사 데이터를 이용해 1982~2012년 사이에 극우의 적대세력이 어떻게 변화했는지 살펴보자.

〈그림 3〉은 한국, 북한, 중국, 미국, 소련·러시아에 대해 이 3개 잡지가 기사 제목에서 다룬 빈도를 나타내며 그 외의 나라가 등장하는 경우는 거의 없다. 일반적으로 우파 잡지는 본질적으로 국내지향성이 강해 세계 각지의 사건을 다루는 『세계』와 매우 대조적이다. 그들이 안정적

으로 즐겨 쓰는 것은 '병든 거대한 코끼리 아사히신문(朝日新聞)의 사적 역사', '쇼와사(昭和史) 뒷이야기'(둘 다 『제군(諸君)!』의 제목)라는 국내 좌익 공격이나 일본 근대사다. 이것은 주요 독자층인 관리직이나 경영자의 취향을 반영한다. 위의 나라들이 등장하는 것은 일본의 내셔널리즘과 밀접한 관련이 있기 때문이며 그런 의미에서 극우쪽에서 바라보는 대외적 관심(특히 가상 적국)의 소재를 여실히 드러낸다.

〈그림 3〉 우파 논단지에 등장하는 빈도

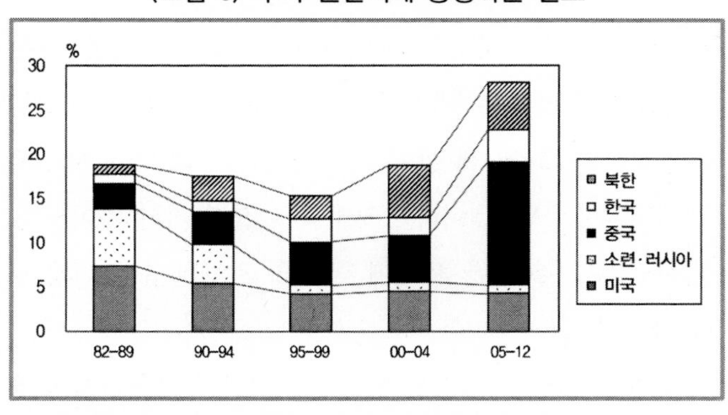

주: 『제군(諸君)!』, 『정론(正論)』, 『WiLL』 게재 기사에서 계산

우선 흥미로운 점은 냉전시대인 1980년대보다 비중은 좀 떨어지지만 미국이 항상 일정 비율을 차지하면서

유일 동맹국으로 등장하는 점이다. 일본의 보수 세력은 역사인식에서는 잠재적 대립 관계인 미국에 안전보장을 비롯한 여러 면에서 의존해왔다. 이런 양의성(兩意性) 때문에 일본의 내셔널리즘은 친미(주류)와 반미(방류)로 분열되는 요소가 있다는 점만큼은 확인해두자.

기타 국가의 비율은 냉전시기와 냉전 후가 크게 변화했다. 소련은 1980년대에는 최대의 적으로 미국 다음으로 자주 다루어졌지만 해체 후 러시아가 된 후로는 거의 등장하지 않았다. 반공주의를 하나의 기둥으로 삼는 극우의 주적이 사라진 것이다. 그 후 소련의 빈자리를 메운 것은 동아시아 근린제국이었으나 1990년대 후반에는 외국 관련 기사 비율이 최저로 낮아지면서 국내지향성이 강해졌다.

그런데 21세기로 들어서자 본격적인 '아시아 시프트' ―근린제국을 적으로 삼는 기사가 두드러지게 되었다. 우선 북한의 비율이 급증했다. 이것은 2002년 고이즈미 준이치로(小泉純一郎) 수상이 평양을 방문했을 당시 김정일 총서기가 일본인 납치를 인정하고 유감의 뜻을 표한 데 따른 것이다. 이후 일본에서는 격렬한 북한 비난이 일어나 '납치문제'는 북한의 핵개발 문제와 같거나 그 이상의 외교문제가 되었다. 피랍자 수로 보면 한국의 500명에 비해 일본은 약 20명으로 훨씬 적다. 그런데도 일본에서 납치문제가 일본과 북한 사이의 가장 중요한 문제가 된 것 자체가 흥미롭지만 그에 대해서는 더 이상 언급하지 않기로 한다.[3] 어쨌든 지난 2002년 당시 관방부장관(官房副長官)이던 아베 신조는 납치문제를 통해 대북 강경파로서 인기를 높여감으로써 고이즈미 후계자로서의 지위를 확립한 것이다.

2000년대 후반이 되자 북한과 함께 한국과 중국의 비율도 높아졌다. 이것은 고이즈미 수상의 야스쿠니 신사(靖国神社) 참배, 독도나 센카쿠 열도(尖閣列島) 등의 영토분쟁 문제, 중국 위협론, 다음에서 설명하는 역사문제가 그 배경이다. 그 결과 1982~1989년까지 4.6%였던 3국의 등장 빈도는 1990~1999년에는 8.9%로 2배, 2000~2012년에는 19.0%로 4배에 달했다. 1980년대의 가상 적국이던 소련이 6.5%였던 것과 비교하면 극우가 근린제국을 얼마나 적대시하는지 알 수 있다. 일본에서 혐한증중(嫌韓憎中)의 관련 서적이 잘 팔리는 배경은 여기에 있으며 잡지 『월간 보물섬(月刊宝島)』이 한국이나 중국을 비난하는 특집을 편성하면 매출이 약 30% 증가한다고 한다.[4] 재특회도

3) B. Williams and E. Mobrand, "Explaining divergent responses to the North Korean abductions issue in Japan and South Korea," *Journal of Asian Studies* Vol.69, No.6, 2010.

4) 교도통신(共同通信) 기자의 취재에 따름.

그 기회에 편승해 세력을 키운 것으로 여겨진다.

다만 3개국을 다룰 때 일정한 차이가 있다는 데 주의해야 한다. 2013년 5월 재특회가 실시한 온라인 투표 결과, 5,272명 중 78%(4,123명)가 한국을 '가장 싫은 나라'라고 답했다. 중국은 12%(652명), 북한은 4%(246명)이므로 재특회의 '혐한' 현상은 두드러지고 있다. 그에 비해 극우잡지에서는 한국의 비율이 높아졌다고 하더라도 북한의 ⅔, 중국의 ⅓밖에 등장하지 않는다. 재특회와 달리 중국에 대한 관심이 압도적으로 높다고 할 수 있다.

이것은 3국 사이에서 논쟁이 되는 문제가 다르기 때문일 것이다. 한국과의 문제는 역사인식에 집중되며 북한과는 납치와 핵개발이라는 2대 문제가 있는 한편, 국교 관계가 없으므로 역사문제는 떠오르지 않고 있다. 그에 비해 중국은 국가안보 보장, 역사, 경제 등 모든 면에 관련되는 적으로 간주되고 있다. 중국의 존재감이 높아지면서 각 잡지들이 엮는 특집 타이틀도 「동북아시아 중국 패권의 지정학」이라는 점잖은 제목에서 「숨어드는 중국 패권에 굴할 것인가」, 「이래도 '중국은 위협이 아니다'라고 장담할 수 있는가」라는 히스테릭한 제목으로 변화해간다.

이런 타이틀은 극단적이지만 여론과 전혀 괴리된 것이 아니다. 진보파의 대표인 『아사히신문』에서도 중국에 대해 경계하는 논조가 두드러졌으며 중국 위협론의 저변이 매우 확대되었다. 극우는 그런 상황을 이용해 세력 확대를 꾀하고 있으며 중국은 극우에게 '만병통치약'이라고 할 수 있을 것이다.

3.2. 역사문제의 부상과 '반일'의 범람

그렇다면 배외주의운동이 중국이 아닌 한국에 집착하는 이유는 무엇일까? '주권회복을 꾀하는 모임'이나 '배해사(排害社)'(2012년 해산)처럼 중국인 배척을 외치는 단체들도 있지만 배외주의의 표적이 되는 것은 압도적으로 재일 코리안이었다. 그 최대 원인은 재특회의 배외주의가 역사수정주의에서 생겨났기 때문이라고 생각한다.

원래 재특회 창설자인 사쿠라이 마코토는 한일 역사문제에 대한 관심에서 활동을 시작했다. 2002년 당시 일개 네티즌에 불과하던 사쿠라이는 그 무렵 시작된 중앙일보의 번역 게시판에서 한국인 네티즌과 역사문제에 대해 토론하기 시작했다고 한다. 그는 게시판에 썼던 문장을 정리한 '이상한 나라, 한국'이라는 홈페이지를 만들어 인터넷상에서 동조자들을 만들어나갔다. 그것은 한일 역사문제를 주로 다루는 것이었으나 역전되면서 재일 코리안의 역사를 표적으로 삼게 되었다.

그 자체는 인터넷상에서 주고받으며 만들어진 움직임이라고 해도 좋지만 그 배경으로 극우 전체의 관심이 변화한 것을 들 수 있다. 〈그림 4〉는 1980년대에 군사·방위와 역사문제가 거의 같은 비율로 다루어진 것을 보여주고 있다. 당시 나카소네(中曾根) 내각이 소련에 대응하는 미일동맹을 강력히 주장해 군사예산을 증대시키고 있었으며 방위비의 GNP 대비 1% 초과 여부에 관심이 집중되고 있었다. 동서냉전이 끝나자 군사·방위 관련 기사 비율이 격감하는 한편, 역사문제 기사는 점차 증가했다. 21세기 들어 1990년대 전반까지의 2배 이상의 기사가 게재되어 극우에게 가장 중요한 과제가 되었다.

여기서 반복되는 논점은 크게 두 가지다. 첫째, 「중국과 야스쿠니와 '역사 방어'」라는 특집명이 보여주듯이 한국과 중국은 역사를 외교에 이용하고 있다는 것이다(이런 견해는 역사수정주의자 이외에도 어느 정도 공유되고 있다). 둘째, 「일본을 폄하하는 '역사 날조'에 철저히 반격한다」와 같이 역사 자체가 잘못이라는 것으로 현재에 가까워질수록 두 번째 시점이 전면에 부각되었다.

〈그림 4〉 쟁점별 등장 빈도

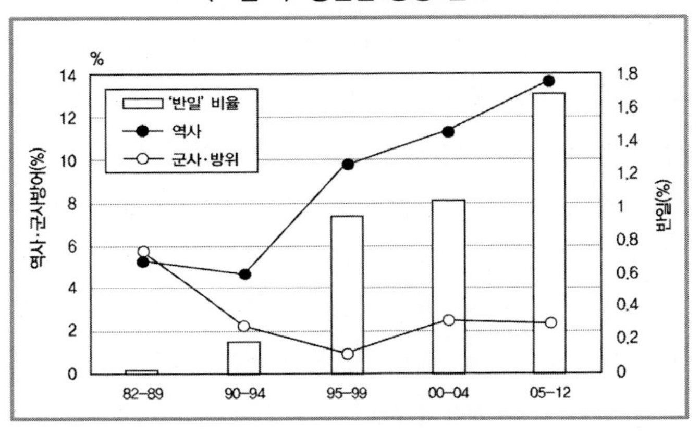

사쿠라이도 극우의 관심이 역사문제에 향하고 있다는 데 영향을 받아 자신의 활동 폭을 넓혀갔다고 할 수 있다. 거기서 드러나는 것은 일제시대에 '일본 국민' 신분이었던 과거가 있는 재일 코리안의 역사였다. 이를테면 1991년 이후 재일 코리안의 법적 지위(재류 자격)는 '특별 영주'라는 자격으로 통일되어 있다. 일본 국적을 가지고 있었다는 역사적 경위를 인정해 우여곡절 끝에 부여된 자격이다. 그러나 그 '역사적 경위'의 부정이야말로 역사수정주의다. 그것에 의해 특별 영주 자격은 '재일특권'으로 불리며 공격 대상이 된다.

역사수정주의가 다른 사람을 공격하는 키워드는 '반

일'이다. 「중화인민 반일공화제국」 또는 「반일 '포위망'을 깨부수기 위해」라는 특집 타이틀이 보여주듯이 일본은 적의를 품은 이웃국가에 둘러싸여 있는 것으로 간주된다. 〈그림 4〉를 보면 1980년대에는 '반일'이라는 단어가 사용되는 경우는 거의 없었다. 더욱이 흥미로운 점은 1990년대 전반까지 '반일'로서 공격 대상이 된 것은 「아사히(朝日) 논단을 가지고 놀았던 반일교과서의 필자」라는 기사에서 알 수 있듯이 일본의 진보파였다.

〈그림 5〉 각 주제가 '반일'과 관련된 비율

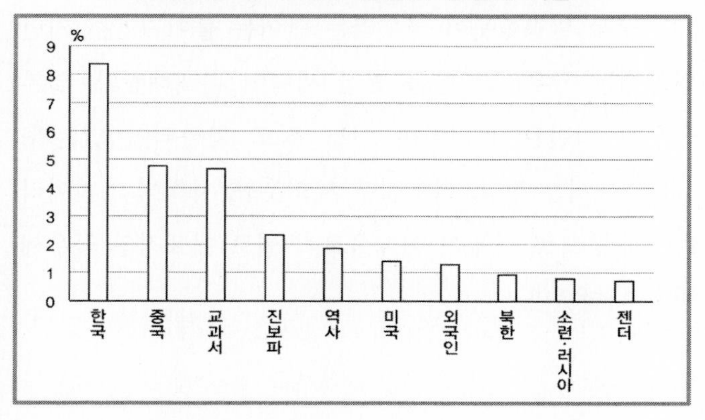

1990년대 후반이 되자 「한국의 반일외교를 어떻게 멈출 것인가」라는 것처럼 근린제국에 적용하게 되어 건수도 급증했다.5) 더욱이 흥미로운 것은 '반일'과 관련된 비율이

가장 높은 국가는 한국(8.4%)이라는 것을 〈그림 5〉는 보여준다. 이것은 진보파(2.3%)의 거의 4배이고 중국(4.8%)의 거의 2배 빈도이며 한국은 극우의 입장에서 볼 때 '반일국가도'가 가장 높은 국가라고 할 수 있다.

4. 일본의 극우세력

4.1. 극우세력의 사회적 기반

앞서 설명했듯이 극우라는 단어는 붙이지 않았지만 일본에는 극우라고 부를 만한 세력이 존재해왔다. 일본 극우의 기반은 무엇이며 어느 정도 확산되어 있는가? 〈표 5〉에서는 정당, 이익집단·사회운동, 사회적 기반이라는 3개 층으로 나누어 이데올로기 별로 대표적인 극우세력을 나타냈다.

5) 上丸洋一, 『「諸君！」「正論」の研究―保守言論はどう変容してきたか』, 岩波書店, 2011.

〈표 5〉 일본의 극우정당과 극우운동

<table>
<tr><th colspan="3">이데올로기</th><th colspan="3">정당</th><th colspan="2">이익집단·사회운동</th><th colspan="3">사회적 기반</th></tr>
<tr><td rowspan="7">내셔널리즘</td><td rowspan="2">배외주의</td><td>외국인 배척</td><td rowspan="7">자민당우파</td><td rowspan="7">오사카유신회</td><td rowspan="7">일본의마음을소중히하는당</td><td rowspan="7">일본회의</td><td>재특회</td><td colspan="3">인터넷</td></tr>
<tr><td>대외 강경파</td><td>구출회</td><td rowspan="6">종교극우</td><td rowspan="4">경제단체</td><td></td></tr>
<tr><td colspan="2">역사수정주의</td><td>새로운 역사교과서를 만드는 모임</td><td rowspan="3">구군관계자</td></tr>
<tr><td rowspan="3">전통주의</td><td>가부장주의</td><td>영령에 응답하는 모임</td></tr>
<tr><td rowspan="2">존황(尊皇)주의</td><td>일본여성회</td></tr>
<tr><td rowspan="2">가두선전 우익
승공(勝共) 우익</td><td colspan="2" rowspan="2">폭력단</td></tr>
<tr><td colspan="2">반공주의</td></tr>
</table>

주: 일본여성회는 일본회의의 하부조직

일본에서 우익으로 불리는 것은 〈표 5〉 아래 부분의 가두선전 우익이다. 가두선전 우익이 받드는 국수주의의 원류는 에도시대의 국학이며 1945년 이전에는 현실정치에도 강력한 영향력을 미쳤다. 제2차 세계대전 패전으로 우익은 정치의 장에서 거의 퇴장해 대형 가두선전차에서 군가를 틀어대기만 하는 비주류적인 존재가 되어갔다.

다만 가두선전 우익은 극우의 일부에 지나지 않으며 전후 정치에 영향력을 미친 것은 이익단체로서의 극우세력이었다. 제2차 아베 정권 성립 후, 일본 최대 극우단체인 '일본회의'의 국회의원 간담회에 가입한 각료의 다수가 주목받게 되었다. 하지만 '일본회의'는 그 이전부터 자민당을 중심으로 100명 단위의 국회의원으로 조직되어 있었으며 단순히 가시화되지 않았을 뿐이다.

그런 의미에서 극우라고 부를 수 있는 정치가 집단은 일찍부터 존재했다. 그 선구라고 할 수 있는 것이 1973년 이시하라 신타로(石原慎太郎) 등 31명의 자민당 국회의원이 결성한 청풍회(青嵐会)다. 그들은 '교육 정상화', '자주독립 헌법 제정' 등 내셔널리즘이나 전통주의도 외치지만 더 강조한 것은 친한국·친대만을 기조로 한 반공주의적 외교정책이었다. 관료 출신이 거의 없다는 점에서 비엘리트 집단이었으나 선거에 강하고 당선 횟수도 거듭되었으므로 훗날 수상(모리 요시로(森喜朗))이나 각료를 많이 배출했다.[6)]

다만 청풍회는 극우로서 안정된 지지 기반이 있던 것은 아니며 오늘날의 배외주의와의 연결성은 약하다. 당시 극우로서 중요한 것은 생장의 집(生長の家)을 중심으로

6) J. Babb, "The Seirankai and the fate of its members: The rise and fall of the new right politicians in Japan," *Japan Forum,* Vol.24, No.1, 2012.

하는 종교우익과 일본유족회(遺族会)이며 자민당을 오른 쪽으로 끌어당기는 유력한 지지단체였다. 이 조직들은 중의원에 조직대표를 보낼 만큼 득표력을 가진 단체이며 그것이 극우의 큰 기반이 되어왔다.

유족회는 제2차 세계대전에서 전사한 일본군 병사의 가족으로 조직된 모임이다. 1947년 설립 당시의 명칭이 '일본유족후생연맹'이었던 것에서 알 수 있듯이 유족연금 등 경제적 보상을 요구하는 이익단체로 출발했다.[7] 그런데 1950년대가 되자 전몰자 위령도 요구하게 되어 1952년 일찍이 야스쿠니 신사 위령행사에 국비를 지급할 것을 주장했다. 후자의 요구는 오늘날까지 극우운동의 중심이 되어왔다.

다른 종교우익은 유족회와 달리 처음부터 내셔널리즘과 전통주의를 외치고 있었다. 이것이 교의의 중요 요소이며 이데올로기적 요구는 교단의 존재 의의에 관계된다고 할 수 있다. 여기서 종교우익이란 최대 세력으로서의 생장의 집, 주요 조직으로서의 신사 본청이나 영우회(霊友会) 등 매우 많은 종교교단이 해당한다.[8] 그중 생장

7) 田中伸尚·田中宏·波田永実, 『遺族と戦後』, 岩波書店, 1995.
8) 일본의 종교우익에 대해서는 (塚田穂高, 『宗教と政治の転轍点—保守合同と政教一致の宗教社会学』, 花伝社, 2015)에서 자세히 설명하고 있다.

의 집은 좌파 학생운동에 대항하는 청년조직을 설립해 스즈키 구니오(鈴木邦男)[9] 등 많은 우익 활동가를 배출했다.[10]

유족회, 군은연맹전국연합회(軍恩連盟全国連合会), 일본향우연맹(日本郷友連盟) 등 구 군인관계 조직과 종교우익의 공통점은 그 득표력에 있다. 특히 자민당 당원 중 비율은 높으며 이 극우조직의 의견은 무시할 수 없는 무게를 갖는다. 구 군인관계 조직은 1990년 전후 자민당원 수에서 유족회가 16만 명, 군은연맹은 23만 명으로 전국우편국장회 OB회(大樹)와 더불어 3대 조직으로 불렸다.[11] 다만 구 군 관계자가 늘어날 리는 없으므로 고령화에 따라 감소해 활동도 저조해질 수밖에 없었다. 한편, 종교우익에는 젊은 세대가 참가해 1980년대 이후에도 통일교, 그리스도의 장막(キリストの幕屋), 행복의 과학(幸福の科

9) Reading Japan 시리즈 19권 『나는 왜 혐한 시위를 싫어하는가-일본 우익이 본 일본 넷우익』(제이앤씨, 2015.)의 저자.
10) 생장의 집(生長の家)은 한때 여러 명의 국회의원을 배출했으나 교조 교체에 따라 1980년대 정치활동에서 실질적으로 물러났다. 현재는 오히려 역사수정주의를 부정하는 입장으로 전환했다.(寺田喜朗, 「新宗教とエスノセントリズム ―生長の家の日本中心主義の変遷をめぐって」, 『東洋学研究』 45号, 2008.)
11) 吉田裕, 『兵士たちの戦後史』, 岩波書店, 2011.
板垣正, 『靖国公式参拝の総括』, 展転社, 2000.

学) 등 새로운 교단이 더해져 일정한 세력을 계속 유지하고 있다.

〈표 5〉에서 보듯이 일본 극우의 사회적 기반이 되어온 것은 구 군인관계자와 종교우익, JC와 같은 경제우익, 조직화되지 않은 인터넷 문화였다. 다음 항에서는 이런 사회적 기반을 바탕으로 어떤 운동이 전개되어 왔고 구체적인 쟁점은 무엇인지 살펴보자.

4.2. 내셔널리즘과 전통주의-초기 극우의 쟁점

전후 일본의 내셔널리즘은 근린제국보다 미국에 대한 양의적 태도에서 출발했다. 즉, 미군 점령하에서 폐지 또는 변경된 패전 이전의 제도 부활이 내셔널리즘의 최대 과제가 되었다. 이에 비하면 북방영토 문제라는 소련에 대한 내셔널리즘은 한정적인 영향밖에 미치지 못했다. 더욱이 여기서 말하는, 회복되어야 할 제도는 전통주의의 모습을 취하지만 현실적으로는 예로부터의 전통이 아니라 거의 메이지시대에 만들어진 것이다. 다음에 설명하겠지만 기원절, 원호 법제화는 메이지시대의 근대 천황제와 불가분의 관계이며 야스쿠니 신사도 국가 신도 아래 만들어졌다. 그런 의미에서 일본의 내셔널리즘과 전통주의는 밀접한 관계가 있으며 나아가 메이지시대부터 패전에 이르는 사회를 미화하는 역사수정주의도 내포하고 있었다. 이 3개가 연결되어 일본 극우의 기본적인 이데올로기를 형성하고 있다.

전후 극우운동에 의한 조직적 시도는 1951년 시작된 기원절의 부활을 효시로 한다.[12] 기원절은 현재의 건국기념일(2월 11일)에 해당하며 초대 진무천황이 기원전 660년 나라를 세운 날이라고 한다. 메이지 이후 기원절이 공휴일로 정해졌으나 패전으로 폐지된 것을 부활시키려는 운동이었다. 주체는 구 군인관계 조직과 신사 본청이나 생장의 집 등 종교우익이며 1950년대에는 극우의 중추가 실제로 움직이고 있었던 것이다. 그 후 1958~1964년 사이에 6회에 걸쳐 법안이 제출되었으나 폐안되었다가 1966년 비로소 '건국기념일'로 성립되었다. 이런 경위의 배경으로는 자민당이 사회당을 배려해 법 제정에 소극적이었던 점을 들 수 있으나 결국 법안으로 성립시킬 만한 힘이 추진하는 운동 쪽에 있었다고 볼 수 있다.

이런 운동 체제는 다음 쟁점인 원호의 법제화와 야스쿠니 신사의 공적 이용에 대한 체계화가 진행되어 간다.

12) K. J. Ruoff, *The People's Emperor: Democracy and the Japanese Monarchy, 1945~1995,* Cambridge, MA: Harvard University Asia Center, 2001.

일본에는 한 명의 천황에 대해 특정 원호(현재는 헤이세이(平成))를 붙이는데 그 법적 근거가 되는 것이 원호법이다. 원호 자체는 전후에도 폐지를 면했지만 원호의 법적 근거가 있는 것도 아니므로 사용은 의무가 아니었다. 때문에 공적기관에서 의무적으로 사용하도록 해 원호 사용을 널리 정착시키도록 1968년부터 시작된 법제화운동은 1979년 원호법 제정이라는 성과를 얻었다.

당시는 단순히 국회 활동뿐만 아니라 오키나와를 제외한 46개 도도부현회(都道府県会)와 시정촌의회(市町村議会)의 절반 이상이 원호법 제정을 요구하는 의견서를 채택하는 등 풀뿌리까지 운동이 확산되었다. 당시는 신사본청과 생장의 집을 중심으로 운동이 조직되었으나 국회에서 반대한 것은 사회당(현 사민당)과 공산당뿐이었으며 원호법 자체는 상당히 폭넓은 지지를 얻었다.

법제화운동을 계기로 극우 조직화가 진행된 것이 그 시기의 특징 중 하나라고 할 수 있다. 우선 1974년 종교우익을 폭넓게 묶은 '일본을 지키는 모임(日本を守る会)', 1976년 구 군인관계 단체를 중심으로 '영령에 응답하는 모임(英霊にこたえる会)'이 설립되었다.[13] 그리고 원호 법제화실현

13) 山口啓二·松尾章一 編, 『戦後史と反動イデオロギー』, 新日本出版社, 1981.

국민회의를 모체로 1981년 헌법 개정을 주요 목적으로 하는 '일본을 지키는 국민회의(日本を守る国民会議)'도 결성되었다. 일본을 지키는 모임과 일본을 지키는 국민회의는 1997년 합병해 '일본회의(日本会議)'가 되었으며 오늘날까지 극우운동의 기둥으로 지탱하는 체제가 이 시기에 이루어진 것이다.

내셔널리즘과 전통주의의 결합–패전에 의해 폐지된 제도의 부흥운동은 그 후에도 국기 및 국가법 제정, 교육기본법과 헌법 개정으로 연결되었다. 전통주의에 바탕을 둔 것으로는 남녀평등이나 젠더교육에 대한 공격에도 주목해야 할 것이다.[14] 그런데 사회운동으로서의 극우라는 관점에서 더 중요한 것은 냉전 종식 후 부상하는 역사수정주의부터 배외운동에 이르는 흐름이었다.

4.3. 역사수정주의와 배외주의 –1990년대 이 후 극우의 쟁점

역사수정주의의 시작은 1950년대까지 거슬러 올라가는데 이것이 극우운동의 과제가 된 것은 1980년대부터였

14) 이 점에 대해서는 (山口智美·斉藤正美·荻上チキ, 『社会運動の戸惑い—フェミニズムの「失われた時代」と草の根保守運動』, 勁草書房, 2012)를 참조.

다. 고교 일본사 교과서에서 일본군의 중국 '침략'을 '진출'로 바꿔 쓰게 된 것이 주로 중국과의 사이에서 외교문제가 되었다. 그에 대응해 일본을 지키는 국민회의는 독자적인 역사수정주의적 일본사 교과서를 편찬했지만 사회운동이라고 부를 만한 확산은 없었다. 역사수정주의가 큰 문제가 된 것은 앞의 장에서 본 것처럼 1990년대 들어서다. 당시는 냉전 종식, 쇼와 천황 사망, 자민당 정권의 붕괴, 한국의 민주화와 역사문제 부상이라는 요인들이 겹쳐 역사청산을 향한 움직임이 이어졌다. 구체적으로 '위안부' 문제를 둘러싼 고노 요헤이(河野洋平) 내각 관방장관 담화(1993년), 침략전쟁을 둘러싼 호소카와 모리히로(細川護熙) 수상 담화(1993년), 전후 50년의 무라야마 도미이치(村山富市) 수상 담화(1995년)가 나왔다.

이런 움직임에 대한 반동으로서 역사수정주의가 정치가와 운동 쌍방에서 확산되어 갔다. 1993년 비 자민 연립정권에서 호소카와 담화에 대응해 자민당이 역사검토위원회를 설치해 패전에 이르는 일본의 역사를 정당화하는 보고서를 무라야마 담화와 같은 날 맞대응해 출판했다.[15] 이 시기에는 종전 50년 국회의원연맹, '밝은 일본 국

15) 歴史·検討委員会, 『大東亜戦争の総括』, 展転社, 1995.

회의원연맹(明るい日本国会議員連盟)'이라는 패전 이전 파벌 의원이 주체가 된 조직 외에 아베 신조 현 수상이 사무국장을 맡은 '일본의 전도와 역사교과서를 생각하는 젊은 의원 모임(日本の前途と歴史教科書を考える若手議員の会)'도 만들어졌다.16) 역사수정주의 교과서를 둘러싼 운동은 이 젊은 의원 모임과 연계해 진행되었으며 그런 의미에서 그 후에 미친 영향도 컸다.

시민사회 쪽에서는 1997년 '새로운 역사교과서를 만드는 모임(새역모)'이 결성되었다. 모임의 중추를 담당한 것은 '일본회의' 등 종교우익(그리스도의 장막이라는 신종교와 신도관계자, 최근 행복의 과학)이었으나 젊은 경영자의 모임인 JC도 관여하고 있다. 더욱이 기성 조직에 소속되지 않은 일반시민이나 교원도 담당자라는 점에서 재특회로 연결되는 질적인 새로움이 있다. 이것은 종래의 우파 문화일 뿐만 아니라 저명한 만화가인 고바야시 요시노리(小林よしのり)가 관여해 자신의 저작 『고마니즘 선언(ゴーマニズム宣言)』에서 선전했기 때문일 것이다.

그러나 일반참가자의 조사기록을 통해 다른 현실도 읽어낼 수 있다. 즉, 좌파적 역사관에 위화감을 느끼는 계

16) 日本の前途と歴史教育を考える若手議員の会 編, 『歴史教科書への疑問』, 展転社, 1997.

층이 일정 정도 존재해 새역모가 그 역할을 한 것은 아닐까?[17] 이런 의식은 갑자기 끓어오른 것이 아니라 1990년대 이전에도 존재하고 있었지만 조직화되지 않았다고 여겨진다. 새역모라는 새로운 조직의 공급이 역사수정주의에 대한 잠재적 수요를 개척한 것이며 배외주의에 대해서도 마찬가지로 이야기할 수 있을 것이다.

일반시민의 참가나 쟁점의 계속성이라는 점에서 새역모와 재특회에는 일정한 공통점이 있다. 또한 내분이나 체포자의 속출 등 조직경영이 서툰 점이 운동의 확대를 저해한다는 공통점도 있다. 그러나 역사수정주의운동이 강력한 정치적 지원을 받은 데 반해 배외주의운동은 그렇지 못했다. 교과서 채택에서는 지금도 정치가가 수정주의적 교과서를 채택하도록 음으로 양으로 애쓰고 있다. 반면 재특회는 정치가가 간부와의 관계를 지적받을 경우, 전부 부정할 정도로 애물단지 취급을 받고 있다. 이 점이 전자의 지속과 후자의 쇠퇴라는 결과적 차이를 불러온 원인으로 생각할 수 있다.[18]

---

17) 村井淳志,「自由主義史観研究会の教師たち―現場教師への聞き取り調査から」,『世界』633号, 1997; 小熊英二·上野陽子,『〈癒し〉のナショナリズム―草の根保守運動の実証研究』, 慶應義塾大学出版会, 2003.
18) 극우운동에게 정치와 연결이 중요한 것은 '북한에 납치된 일본

4.4. 일본의 극우정당

전후 일본에서 대일본애국당(1951~)이나 유신정당 신풍(1995) 등 선거에 출마한 소규모 극우정당은 다섯 손가락을 넘지만 오랫동안 의석을 얻진 못했다. 이 배경으로는 자민당이 오랫동안 집권당의 위치를 차지한 점을 들 수 있다. 1955년 보수연합으로 당을 결성한 이후 자민당은 강령에서 헌법 개정을 주장하고 있으며 패전 이전의 전체주의와 연결되는 극우세력을 내부에 포함하고 있었다. 유족회나 생장의 집이 배출한 국회의원도 전원 자민당 소속이었다.

그러나 보수 본류로 불리는 자민당 주류는 호헌파의 온건 보수이며 이데올로기 색채가 강한 정책은 원만히 실현할 뿐이었다. 이런 자민당이 오랜 세월 동안 여당의 자리에 있었으므로 극우단체도 자민당의 지지모체로서의 역할을 계속했기 때문에 독립적인 극우정당을 결성할 이유가 없었다. 55년 체제 아래에서 자민당에서 뛰쳐나간 정당은 신자유클럽, 일본 신당, 신당 사키가케(新党さき

인을 구출하기 위한 전국협의회(北朝鮮に拉致された日本人を救出するための全国協議会(구출회, 救う会))의 예를 보아도 알 수 있다. 구출회는 아베 신조 등 납치문제에 관여하는 정치가와 밀접한 관계를 유지함으로써 영향력을 발휘해왔다.

がけ) 등 오히려 도시지역의 진보 표 획득을 노리고 있었다. 자민당보다 '약간 왼쪽'에는 자리가 있었으나 '오른쪽'에는 없었기 때문이라고 생각한다.

그러나 고이즈미 정권의 신자유주의적 개혁과 2009년 민주당 정권의 탄생은 본격적인 극우정당을 낳았다. '일어서라 일본(たちあがれ日本)'에서 '일본의 마음을 소중히 여기는 당(日本のこころを大切にする党)'에 이르는 흐름은 순수한 극우정당이고 일본유신회도 유럽의 기준으로 극우정당에 속한다. 이것은 55년 체제 아래에서의 보수 신당이 차지하고 있던 위치를 민주당이 계승해 자민당보다 '오른쪽'밖에 자리가 없던 것이 이유 중 하나일 것이다.

이 정당들은 몇 차례나 당명을 바꾸어 이합집산을 반복하는 등 불안정해 장래를 점치기에는 불확실한 요인이 너무 많다. 그러나 두 가지 점에서 일본의 극우정당이 정착할 가능성을 지적할 수 있을 것이다.

첫째, '일본의 마음을 소중히 여기는 당'은 2014년 중의원선거(당시 차세대의 당(次世代の党)) 결과, 19석이 2석까지 감소하는 참패를 맛보았다. 그러나 당시 내걸었던 정책은 '생활보호제도를 일본인에게 한정', '이민 국적 취득 요건 강화, 특별 영주제도의 재검토', '입국관리와 치안

경비 강화' 등 극우 색채를 분명히 하고 있다. 이런 정당의 등장 자체가 일본에서는 일찍이 없던 사건이며 극우적 정책이 기치가 될 수 있는 것이기도 하다.

둘째, 오사카유신회(大阪維新の会)는 오사카부(大阪府) 지사·시장을 역임한 하시모토 도오루(橋下徹)가 만든 정당이다. 한때 압도적 인기를 자랑하던 하시모토는 경쟁원리 신봉이나 약자 버리기 등 신자유주의를 일관해 내걸었다. 한편, 헌법 개정에 대해서는 아베 수상의 입장과 가까우며 전체적으로 자민당보다 오른쪽으로 기울었지만 두드러지게 극우적 정책을 내걸었던 것은 아니다. 그러나 급조한 유신회가 2012년 중의원선거에서 제3당이 된 것은 인기 있는 당수가 있으면 신흥 극우정당이 대두할 가능성을 보여준 것이라고 할 수 있다.

5. 극우와 어떻게 맞설 것인가

지금까지 살펴본 것처럼 일본의 극우는 패전으로 잃은 이전 체제의 부흥을 큰 목표로 삼아왔다. 수상의 야스쿠니 신사 참배와 헌법 개정을 제외하면 거의 달성되었다고 봐도 좋을 만큼 성공을 거두고 있다. 이것은 근린제국과의 마찰을 불러일으키는 원인이자 결과다. 역사수정주의와 배외주의가 새로운 극우의 확대요인이 되어왔다. 이런 극우 이데올로기는 일본의 정치가 정상적으로 기능하는 데 장애가 되며 실현됨에 따라 잃는 것이 크다.

따라서 정치이념으로서나 현실적인 요청으로서나 극우세력에 맞서 그 영향을 최소한에 그치게 할 필요가 있다. 일찍이 자민당 내에서 보수 본류가 브레이크를 걸어주는 역할을 해왔으나 그 기능이 약해진 현상 속에서 과연 어떤 통제수단이 있을까? 마지막으로 이 점을 생각해 보고자 한다.

5.1. 외압

21세기 들면서 일본의 정치는 우경화가 진행되었다고 한다. 그러나 야스쿠니 신사 참배 문제로 말하자면 오히려 현재는 진정되었다고 볼 수도 있다. 원호법 제정운동과 같은 시기에 해당하는 1969년 이후 5년 동안 5차례에 걸쳐 야스쿠니 신사의 국영화 추진 법안이 제출되었다. 모두 폐안되었지만 1975년 8월 15일 종전기념일에는 당시 미키 다케오(三木武夫) 수상이 전후 현직 수상으로는 처음으로 야스쿠니 신사를 참배했다.

〈그림 6〉 수상의 야스쿠니 신사 참배

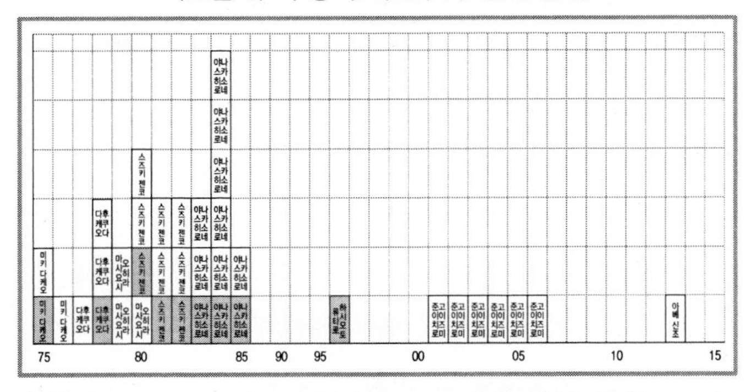

출처: S. A. Smith, *Intimate Rivals: Japanese Domestic Politics and a Rising China*, New York: Columbia University Press, 2015, p.77에서 작성

주: 색칠한 경우는 종전기념일(8월 15일)에 참배한 경우를 나타냄.

〈그림 6〉이 보여주듯이 수상의 야스쿠니 신사 참배는 이후 10년 동안 집중되어 있다. 그 집대성이 1985년 나카소네 야스히로(中曾根康弘) 수상의 공식 참배였으나 중국의 강력한 항의를 받아 그 후로는 이루어지지 않았다. 1996년 하시모토 류타로(橋本龍太郎) 수상의 참배는 유족회 회장 신분에 따른 것으로 볼 수 있다. 그 후 고이즈미(小泉) 수상은 매년 참배를 반복해 외교문제를 악화시켰다. 그 때문에 후계 내각인 제1차 아베 내각에서 아베 수상은 참배할 수 없었으며 제2차 아베 내각에서도 2013년 단 한 차례 참배한 데 그쳤다.

나카소네 수상 이후의 참배 자숙은 국내 반대세력을 고려한 것이 아니라 한국, 중국과의 관계를 악화시키지 않는 것을 염두에 두고 있었다. 그런 의미에서 외압은 최소한 극우적 행동의 일부를 억제하는 요소가 된다.

5.2. 현실주의

외압과 관련된 요소이지만 현실주의적 비판세력도 극우에 대한 억제력이 될 수 있다. 2015년 말 일본 외무대신이 한국을 방문해 '위안부' 문제에 대해 박근혜 대통령과 아베 수상 사이에 합의가 이루어졌다고 발표했다. 합의라고 하더라도 문서 교환처럼 엄밀한 것이 아니라 각각의 내용을 해석할 여지를 많이 남겼다는 점에서 그 실효성에 의문이 있다. 또한 '위안부' 문제를 어느 정도 해결할 것을 요구하는 미국의 의향이 그 배경에 있었다는 점에서 외압이 작용한 것은 틀림없다.

그러나 자민당 내에서 내로라하는 역사수정주의자인 아베 수상조차 정권을 잡고 있는 이상, 현실주의적 판단을 하지 않을 수 없다. 그 배경에는 아베의 '친구'라는 야유를 받는 극우정치가가 아니라 현실주의적 발상을 하는 세력이 있다. 아베의 페이스북에 항의 댓글을 쓴 역사수정주의자는 현실주의자가 되지 않을 수 없었다고도 할 수 있다. 유럽이라면 극우적 정책은 민주주의에 대한 도전으로 격리되어 왔으나 일본에서는 그런 규범적인 비판은 기대할 수 없다. 그 대신 국익에 반하는 극우 정책을 현실주의자가 물리침으로써 그 정책적 영향력을 약화시킬 수 있을 것이다.

5.3. 시민사회의 대항

21세기 들어 분명히 정치가가 바라는 정책은 오른쪽으로 이동했지만 유권자에게 변화는 없다는 조사 결과가 있다.[19] 재특회가 대두한 것은 21세기 들어서지만 이것은 정치적 우경화와 인터넷 보급이라는 기회를 얻었기 때문이라는 것이 필자의 조사 결과였다.[20] 아베 정권에서 '일본회의'에 관계하는 각료 수가 늘어난 것은 말하자면 정치에 한정된 것이며 시민사회가 극우를 받아들인 것은 아니라고도 할 수 있다.

그 좋은 예가 재특회로서 국회에서 문제가 되어도 정부는 특별히 대책을 취하려고 하지 않았다. 그 대신 재특

---

19) 谷口将紀, 「日本における左右対立(2003~2014年)—政治家·有権者調査を基に」, 『レヴァイアサン』, 57号, 2015.
20) 樋口直人, 『日本型排外主義—在特会·外国人参政権·東アジア地政学』, 名古屋大学出版会, 2014.

회의 손발을 묶은 것은 반인종차별주의 대항운동이며 결과적으로 시민사회가 자신의 힘으로 배외주의자를 쫓아낸 것이 된다. 재특회는 일본 사회에 뿌리내린 배외감정에서 생겨났다기보다 정치와 기술적 요건 변화의 산물로 간주해야 할 것이다. 시민사회에 더 강력히 뿌리내린 것은 재특회적인 것을 혐오하는 감정 쪽이며 그것이 극우를 억제하는 요인이 된다.

예를 하나만 더 들어보자. 역사수정주의 교과서는 2001년 검정을 통과해 선택지 중 하나가 되었다. 일본의 교과서는 하나 또는 복수의 시정촌으로 이루어지는 지역 단위에서 4년마다 사용하는 교과서를 정하는데 역사수정주의 교과서의 채택률은 예상 밖으로 낮았다. 그것이 조직 분열의 원인 중 하나가 될 정도였으며 2015년에는 과거의 최고기록인 3.6%에 그쳤다. 극우 정치가가 힘을 써주어도 채택률은 여전히 낮으며 시민사회가 극우세력에 지속적으로 제동을 걸고 있다.

극우세력도 분명히 시민사회에 강하게 뿌리를 내리고 있다. 그러나 그것을 사회표준이라고 보기에는 일본의 시민사회는 극우에게 관용적이지 않다. 그런 의미에서 일본의 시민사회는 재특회의 역겨운 모습을 통해 비춰지는 것보다 훨씬 건전하다고 할 수 있다.

IJS
서울대학교 일본연구소
Reading Japan 20

질의응답

Q. 일본회의와 우파 성향의 종교가 접점을 이루고 있는 현상을 어떻게 이해하면 좋을까요.

Q. 좌우의 역사인식의 대립 문제를 어떻게 정리하고 계신지요.

Q. 일본회의가 여러 이데올로기를 아우르고 있는 현상을 어떻게 이해해야 하나요.

Q. 넷우익의 인터넷을 통한 활동을 어떻게 보시는지요.

질의응답

〈제190회 일본전문가 초청세미나〉

- 주제: 일본의 극우운동과 배외주의운동

  ―그 계보와 영향관계를 둘러싸고
- 강연자: 히구치 나오토(樋口直人)(도쿠시마대학 부교수)

이 책은 〈제190회 일본전문가 초청세미나〉가 끝난 후, 저자가 새롭게 집필한 원고를 바탕으로 편집하였다. 당일 강연에 대한 질의응답의 요지는 다음과 같다.

질문1: 일본회의와 우파 성향의 종교가 접점을 이루고 있는 현상을 어떻게 이해하면 좋을까요.

답변1: 일본회의 자체에 각 지방 조직이 없기 때문에 상대적으로 여러 곳에 분포되어 있는 종교조직에 대한 의존도가 높아졌습니다. 풀뿌리의 근거지로서 종교집단의 일정한 역할을 한다고 볼 수 있습니다.

질문2: 좌우의 역사인식 대립 문제를 어떻게 정리하고 계신지요.

답변2: 그에 대해서는 또 별도의 연구가 필요할 것입니다. 역사수정주의 문제뿐만 아니라, 글로벌화하는 시장에서 자영업자가 배외주의의 목소리를 내는 문제, 재일코리안 문제 등, 다각적인 방향에서 검토해야 할 사안이라고 봅니다.

질문3: 일본회의가 여러 이데올로기를 아우르고 있는 현상을 어떻게 이해해야 하나요.

답변3: 일본회의의 경우 기본적으로는 내셔널리즘에 바탕을 두고 배외주의, 역사수정주의, 전통주의, 반공주의 등 여러 성격을 띠며 활동합니다. 그 이벤트의 성격에 따라 부각되는 모습이 다르게 보일 수 있습니다.

질문4: 넷우익의 인터넷을 통한 활동을 어떻게 보시는지요.

답변4: 근린국가 사이의 역사적, 지정학적 갈등이 증폭되는 한, 배외주의운동은 없어지지 않는다고 생각합니다. 말씀하신 넷우익의 영향력이 크다고 보지는 않습니다. 다만 넷우익 집단 혹은 그들의 움직임이 건전하다고 볼 수는 없습니다.

講演録

在特会は、寂しい若者が仲間を求めて鬱憤を晴らす場である、そうした見方では現実を捉えられないからである。私は、2011年から1年ほど在特会等の活動家34名に聞き取り調査を行った。当初は、低学歴の不安定就労者が在特会に引き寄せられるものと思っていたが、その予想は見事に裏切られた。つまり、「異常な人の異常な行動」としてしまうのは、間違った理解だった。「異常な行動が正常な人の間に広がっている」と考えなければ、在特会が台頭した背景を解明できない。

講演録

在特会と日本の極右
: 排外主義運動の源流をたどって

樋口直人

1. 在特会の衝撃──何を問題とすべきなのか

「これ以上朝鮮人をのさばらせたら日本人が殺される」

「犯罪朝鮮人を皆殺しにしろ」

「コリアンタウンを焼き尽くせ」

──これらはすべて、2000年代後半以降の日本で、「在日特権を許さない市民の会(在特会)」という団体のメンバーが街頭で叫んだ言葉である。あまりのひどい言葉に、目をそむけたくなる人、怒りを覚える人は多いだろう。一方で、在日コリアンは日帝時代からずっと差別されてきた、だから上のような排斥の言葉も目新しいものではない、そんな風に思う方もいるのではないか。

しかし、在特会が日本社会に与えた影響は大きかった。当初はマスメディアも「一部のおかしな人の行動」として無視していたが、2010年に朝鮮学校などへの嫌がらせで逮捕されることで新聞に登場するようになった(図1参照)。社会的に注目されたのは、在特会への対抗運動が発生した2013年のことであり、活動を批判する際に使われた「ヘイトスピーチ」という言葉が急速に浸透した。

図1 ヘイトスピーチ/在特会の記事件数

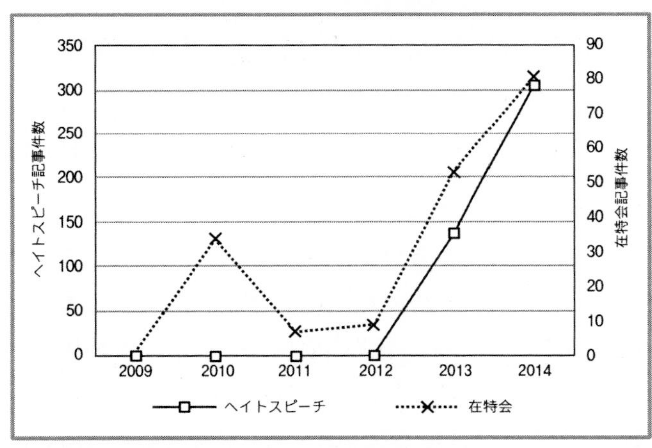

出典:『朝日新聞』Digital News Archiveから計数

対抗運動はデモを包囲し、「レイシストは帰れ」などと書かれた抗議のプラカードを掲げ、罵声を浴びせ威嚇することで、在特会の活動を止めようとしてきた。この抗議は劇的な効果をもたらしており、在特会側の参加者は減少し、絶対的な社会悪だという認識も定着した。対抗運動は政治にも影響を及ぼしており、野党第一党の民主党などが人種差別撤廃基本法を国会に出す原動力となっている。

排外主義運動は急速に広がったが、それに危機感を持った市民が在特会に立ち向かうことで、日本社会の自浄力を示したことは間違いない。もはや在特会がかつての勢いを取り戻すことはないだろう。

しかし、在特会の衰退をもって日本が排外主義を封じ込めたといえるほど、ことは単純ではない。在特会は、寂しい若者が仲間を求めて鬱憤を晴らす場である、そうした見方では現実を捉えられないからである。私は、2011年から1年ほど在特会等の活動家34名に聞き取り調査を行った。当初は、低学歴の不安定就労者が在特会に引き寄せられるものと思っていたが、その予想は見事に裏切られた。つまり、「異常な人の異常な行動」としてしまうのは、間違った理解だった。「異常な行動が正常な人の間に広がっている」と考えなければ、在特会が台頭した背景を解明できない。

そこで、このブックレットでは以下の2つのことを行う。第1に、21世紀の日本で外国人排斥や嫌韓の行動をとるのは誰か、なぜそんなことをするのかを明らかにする。第2に、こうした動きが生じた背景を探っていく。その際、在特会だけでなく日本会議や新しい歴史教科書をつくる会などを、一括して「極右」として扱い、1つの連続した流れの中で捉えたい。

韓国では、「極右」は安倍晋三·現首相など日本の一部政治家·団体を指す言葉として定着しているが、日本ではそうではない。「極右」といえばヨーロッパの現象であり、日本に存在するものとはみなされてこなかった。これまでは極右に対して「保守」という言葉が使われてきたわけで、実質的に極右が存在するのに、極右という言葉の使用を避ける奇妙な状況がある。極右と呼ぶべき存在があるにもかかわらず、その言葉を避けてきたことで、日本の政治をみる切り口の一つが失われてきたのではないか。

では、ここでいう極右とは何を指すのか。ヨーロッパの極右に共通するのは、ナショナリズムと排外主義の両方について、主流派の保守より極端な主張をすることとなる[1)]。在特会は、この定義にぴったり当てはまるが、それでは日本の極右を狭く捉えすぎてしまう。日本の極右のほとんどは、確かに外国人排斥を旗印とはしてこなかったからである。しかし、①ナショナリズムに加えて、②排外主義、③歴史修正主義、④伝統主義、⑤反共主義のいずれかに広げてみれば、主流派保守より強硬な主張をする勢力は連綿として存在してきた。

それゆえ、①ナショナリズム+②、③、④、⑤のいずれか1つ以上が加わった集団を、このブックレットでは極右とみなす。バスなどを改造した黒塗りの車で大音響の軍歌を流す「右翼」は、①ナショナリズム、④伝統主義(天皇崇拝)、⑤反共主義(反ソ)を掲げており、極右の一部となる。新しい歴史教科書をつくる会も、①ナショナリズムと③歴史修正主義を掲げた極右といえる。筆者は、排外主義運動の研究をすることから出発したが、その背景をみるには極右全体に目を向けねばならないと感じるようになった。以下で行うのは、眼前の排外主義を起点として日本の極右の実像を浮かび上がらせる作業である。

---

1) C. Mudde, *Populist Radical Right Parties in Europe,* Cambridge: Cambridge University Press, 2007.

2. 誰がなぜ排外主義に取り込まれるのか

2.1. 在特会とは何か

在特会は、「在日特権」の廃絶を目的に掲げ、2007年から活動する団体である。すなわち在特会は、在日コリアンに適用される出入国管理特例法(特別永住資格)、通名使用、生活保護優遇、朝鮮学校に対する補助金が「在日特権」だという。これはもちろん、在特会が捏造した悪質なデマであり、在日コリアンを排斥するための口実にすぎない。しかし、在特会は設立後数年で急成長を遂げ、2016年1月の会員数は15,000人を超えている。会員といっても、会費を払ったり活動に参加したりする必要はなく、単に在特会のウェブサイトで登録した者の数でしかないが、全国各地でイベントを実行するだけの組織力は持っている。

在特会の組織的な特徴として、既存の組織や人間関係を基盤とするのではなく、幹部も会員も資金もほぼインターネットだけで集めていることが挙げられる。創立者で初代会長の桜井誠は、2003年9月に「不思議の国の韓国」というホームページを開設し、ウェブ上で知り合った仲間が集まって在特会を結成した。その後は、デモや街頭演説の動画をインターネットにアップロードし、それを視聴した者が在特会を知って会員になる、デモに参加するといった形で拡大してきた。これは、後述する日本会議が宗教右翼、日本遺族会、JC(青年会議所)といった既成組織の上に成り立っているのとは対照的である。

日本では、既成政党・大組織から独立した自発的な社会運動を市民運動と呼んできたが、これは基本的に左派ないし反保守が前提とされてきた。極右の市民運動の先駆けとなったのは、1997年に結成された「新しい歴史教科書をつくる会」になるが、これも宗教団体や経済団体が支える性格が強かった。在特会は、幹部ですらインターネットで知り合った者同士の集まりであり、初めての純粋な極右市民運動だといえる。

在特会の歩みは、インターネットという新たな動員の基盤を用いた強みと、既成組織の支えがない弱みの両方を体現している。まずは強み――急速な拡大の背景――について、在特会の会員数と増加分を示した図2からみていこう。

図2 在特会会員の推移

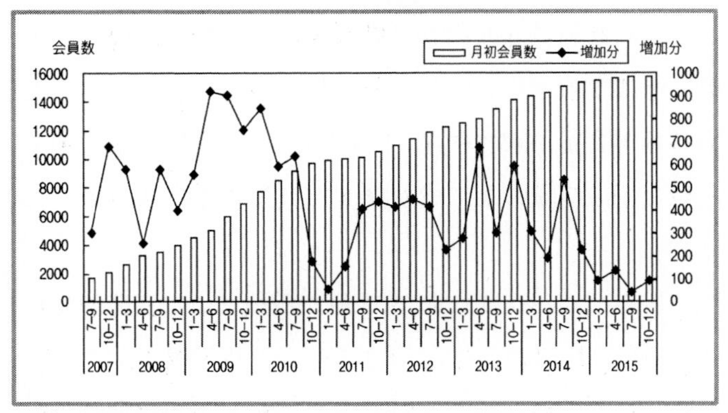

出典: 桜井誠ブログ (http://ameblo.jp/doronpa01/page–1.html#main)
より計算。

図中の棒グラフは会員数を示しているが、より重要なのは増加分を表す折れ線グラフであり、これは在特会が支持され拡大する様子を示すバロメーターと考えられる。これをみると、会員がもっとも増えたのは2009年4月からの1年間であり、2つの要因が働いている。

第1は、非正規滞在のフィリピン人一家に対して、中学生の子どもだけ在留が認められ両親は強制送還された事件である。メディアは、家族が引き裂かれることに対して批判的で、全員の在留を支持する論調をとっていた。しかし在特会は、家族全員の強制送還を叫んで子どもが通う中学校前をデモ行進し、メディアの論調に不満を持った者の支持を集めている。第2は、2009年9月に発足した民主党政権に対する反発であった。

これは、メディアの在特会報道の推移を示した図1とはタイムラグがある。というのも、京都朝鮮学校や徳島県教職員労働組合などに対する嫌がらせ事件により、2010年に逮捕者が出て初めて、在特会はメディアに本格的に登場したからである。これ以降、会員数の伸びが鈍るようになり、在特会は勢いを失った。さらに、2013年になると在特会の行動をやめさせるカウンター運動が発生し、在特会の言動を批判するために用いられた「ヘイトスピーチ」という言葉は、同年の流行語トップ10に入っている。その結果、2015年になると会員数は停滞し、創立者の桜井も会長を退かざるを得ない状況になった。

これは、暴力的な排外主義に対して日本社会が示した自浄作用だと考えられる。在特会が街頭行動を行うたびに、在特会をはるかに上回る数の市民が包囲して抗議する。だが、これをもって日本は良識を発揮し、極右を放逐したといえるのか。街頭に現れた極右たる在特会については、まあそういってよいだろう。しかし、極右の根はより深いところにあり、在特会を例外や異常として済ませることはできない。

2.2. 誰が排外主義者になるのか

韓国語訳も出た安田浩一の『ネットと愛国』(講談社、2012年)は、在特会の創設者たる桜井誠の出自を暴くところから始まる。北九州の母子家庭で育ち、高校を卒業して警備員など非正規雇用を転々とする。学校でも目立たない存在だった桜井が、嫌韓のホームページ作りにいそしみ、在特会会長として悪名をとどろかせていく。このような桜井のプロフィールは、在特会が社会の底辺層によって支えられているという印象を強く植え付けた。これは、日本版イルベたるネット右翼に対するイメージと共通している。

しかし、こうした「底辺層が担い手」説には実証的な根拠がない。安田以外のルポルタージュは、むしろ一定の余裕がある層が活動家になることを示唆している。ネット右翼に関する先行研究も、階層の低い者が担い手になるという議論はしていない[2)]。筆者が持っている2つのデータからみえる実像は、以下のようになる。

第1は、在特会の運営を担う幹部に対する調査結果

2) 辻大介、「『ネット右翼』、的なるものの虚実──調査データからの実証的検討」、小谷敏他編、『若者の現在』、日本図書センター、2011。

である。活動家の背景は表1に示した通りで、大卒で30～40代の働き盛りが中核になっていることがわかる。在特会等のデモをみていると、人と目を合わせられない、挙動不審であるなど普通の社会生活が難しいと思われる人が、最大で2割程度は存在する。しかし、運動の中核を担うのは生活や仕事に一定の余裕がある層であり、そうした「正常な」人が排外主義に取り込まれることに注目すべきだろう。

第2は、2015年12月に「慰安婦」問題で朴槿恵大統領と安倍晋三首相が発表した合意に対する反応に関わるデータである。日本では、この合意はおおむね賛意をもって迎えられたが、拒否反応を示す者もいた。安倍首相は、Facebookを積極的に活用していることで知られており、支持者が直接メッセージを書き込むことも多い。しかし、合意の翌日に安倍が書き込んだ年末のあいさつに対しては、韓国に対する「弱腰ぶり」を批判するコメントが殺到した。コメントを書いたFacebookユーザー1400名は、安倍を「右から」叱咤したネット右翼だとみなしてよいだろう。

表1 排外主義運動の活動家の背景

年代		学歴		職業		雇用形態	
20代	4	高卒以下	7	ホワイトカラー	22	正規	30
30代	13	専門学校中退·卒	3	自営	4	非正規	2
40代	11	大学在学·中退·卒	24	ブルーカラー	6	大学生	2
50代	4			大学生	2		
60代	2						
計	34		34		34		34

そのうち学歴や年齢を公開している者について集計した表2をみると、大卒が59%を占めていることがわかる。2015年時点で日本の大学進学率は5割強と韓国より低く、年齢が上がるほど低くなるから、これはかなり高い学歴だといってよい。年齢についても、30~50代がほとんどを占め、働き盛りの年代が主な担い手となっている。Facebookは、TwitterやLINEなど他のSNSよりユーザー年齢が高いことを考慮する必要はあるが、不遇な若年層がネット右翼になるという見方は当たっていない。

表2 安倍首相のFacebookに批判を書き込んだ者の属性

学歴			年齢		
	N	%		N	%
大学在学・卒	300	58.6	10代	3	1.1
高専・短大	22	4.3	20代	28	10.3
専門学校卒	54	10.5	30代	52	19.2
高校卒	132	25.8	40代	95	35.1
高校在学・中退	3	0.6	50代	57	21.0
予備校生	1	0.2	60代	36	13.3
計	512	100.0		271	100.0

2.3. なぜ排外主義に取り込まれるのか

では、不遇以外の何によって排外主義へと取り込まれていくのか。筆者が聞き取りした範囲で特徴的だったのは、政治的に保守的な者が多いことだった。極右である以上、これは当たりまえのことのように思われるかもしれない。しかし、日本ではこうしたイデオロギー的背景についてほとんど指摘されてこなかった。

ここで再び、在特会の活動家についてみていこう。表3は、もともとの投票行動について尋ねた結果を示しており、基本的に選挙を棄権せず投票に行っている。その際、8割近くが保守政党である自民党に投票していた。自民党を強く支持するわけではないが、安定した保守支持層といえる。活動家に共通するのは、自民党に対する相対的な安心感と左翼的なものに対する嫌悪感であった。

これ自体は、普通の保守層が持つ意識と変わらない。活動家たちと話していると、周囲の人から浮き上がってしまうような極端な政治的言動をとる者は、むしろ少数派に属していた。日常的に話す分には「普通の人」であり、おかしな人として目立つこともない。在日コリアンに対する憎悪も、保守的な人が一般に持っている意識を増幅したものであり、質的にみて目新しいものではなかった。その意味で、在日コリアンの排斥を訴えるような主張は、突然あらわれたものではなく、保守層の意識に一定程度根差すものといえる。

表3 活動家の投票行動

選挙		投票先	
行く	9	自民党	23
たまに行く	1	民主党	2
棄権	2	社会党·共産党	1
未成年	2	民社党か自民党	1
		決まっていない	2
		白票	1
	34		30

しかし、そうした主張を公言する勢力が出てきたのは、2000年代後半になってからである。それまで

は、在日コリアンに対して差別意識を持っていた人が多かったとしても、排斥の標的にしようとは思っていなかった。今世紀に入ってから、排斥を訴えるデモが行われるようになったのはなぜか。それを考える上で手掛かりになるのが、表4の結果である。

この表は、活動家が在日コリアン排斥に加わるきっかけを示しているが、外国人に直接関わるのは34名中6名のみであった。しかも、6名のうち在日コリアンに関わる事柄を挙げたのは2名のみであり、ほとんど意味ある原因になっていない。実際、外国人との接触があった者は半数以下でしかなく、「外国人問題」を意識していた者は3名しかいなかった。日本の外国人人口比率は1.7%(2015年現在)と韓国より低く、移民や外国人に対する社会的関心も低い、そうした状況を反映する結果といえる。

それに代えてきっかけとなっていたものは、韓国、北朝鮮、中国という近隣諸国に対する敵意(11名)と、歴史修正主義(8名)であった。歴史修正主義とは、明治維新から第二次世界大戦に至る日本の行動を美化·正当化するイデオロギーを指す。これは、こうした歴史認識に異議申し立てする韓国や中国に対する敵意に転じるから、近隣諸国に関わるきっかけが過半数とみなしうる。

つまり、在日コリアンに対する憎悪は、いわゆる「外国人問題」——在日コリアンとの接触や在日コリアンに関する否定的な報道——から発生したわけではない。近隣諸国に対する敵意が最初に生み出され、それが転じて「在日近隣諸国民」たる在日コリアン(程度は落ちるが在日中国人)に対する憎悪が生み出される。

このように考えることで、在特会と既成の極右団体との接点が見えてくる。戦後日本の極右にとって最大の敵は、反共主義と北方領土問題の両方に関わるソ連であり、東アジアの近隣諸国ではなかった。それが大きく変化したのは冷戦終焉後であり、現在では韓国、北朝鮮、中国が標的とされるようになった。極右にとっての敵手は、なぜいかにして変化したのか、次章であとづけていこう。

表4 在日コリアン排斥に加わるきっかけとなった出来事

区分	具体的なきっかけ	人数	
「外国人問題」	外国人労働者	2	6
	フィリピン人一家の在留特別許可	2	
	外国人参政権	1	
	在日コリアンの集住地区問題	1	
韓国	スポーツ(ワールドカップ、World Baseball Classic)	2	2
北朝鮮	拉致問題	4	4
中国	尖閣問題	1	5
	中国の反日デモ	1	
	天安門事件	1	
	北京オリンピック	2	
歴史	歴史修正主義	8	8
その他	人権擁護法に対する反対	1	9
	創価学会批判	2	
	右翼的な教育への共鳴	1	
	民主党政権(2009年)の誕生	2	
	右翼へのあこがれ	2	
	右翼の知り合いに誘われた	1	
合計		34	34

3. 歴史修正主義と近隣諸国への憎悪

3.1. 極右にとっての敵手の変化

日本には、韓国と同様に総合雑誌と呼ばれる月刊誌が存在し、保守派の『文藝春秋』と進歩派の『世界』を代表とする論調が、左右の関心を示すバロメーターとなっている。ここでみたいのは、主流派保守に属する『文藝春秋』よりさらに右寄りの、つまり極右の関心である。それに該当するものとして、『諸君！』(2009年廃刊)『正論』『WiLL』という3つの極右雑誌の記事データを用いて、1982~2012年における極右にとっての敵手の推移をみていこう。

図3では、韓国、北朝鮮、中国、米国、ソ連／ロシアについて、これら3誌が記事見出しで取り上げた頻度を示しており、それ以外の国が登場することはほとんどない。一般に右派の雑誌は、本質的に内向き志向が強く、世界各地の出来事が取り上げられる『世界』とは好対照をなす。

安定して好まれるのは、「病める巨象·朝日新聞私史」「昭和史ウラばなし」(いずれも『諸君！』の見出し)といった国内の左翼叩きや日本近代史ものである。これらは、主な読者層たる管理職や経営者の好みを反映している。上記の国が登場するのは、日本のナショナリズムと密接に関係していることによっており、その意味で極右からみた対外的関心(特に仮想敵国)の所在を如実に表している。

まず興味深いのは、冷戦時代たる1980年代から少し比率は低下するものの、米国は常に一定の割合を占め、唯一の同盟国として登場していることである。日本の保守勢力は、歴史認識では潜在的に対立する関係にある米国に、安全保障をはじめ多くの面で依存してきた。こうした両義性を抱えるがゆえに、日本のナショナリズムは親米(主流)と反米(傍流)に分裂する要素を持っていることだけ確認しておこう。

それ以外の国の比率は、冷戦時と冷戦後で大きく変化している。ソ連は、80年代には最大の敵として米国に次いでよく取り上げられていたが、解体してロシアになってからほとんど登場しなくなった。反共主義を1つの柱にしていた極右の主要敵が消えたことになる。その後、ソ連の穴を埋めたのは東アジアの近隣諸国であったが、1990年代後半には外国関連の記事の比率が最小となって内向き志向が強まった。

図3 右派論壇誌に登場する

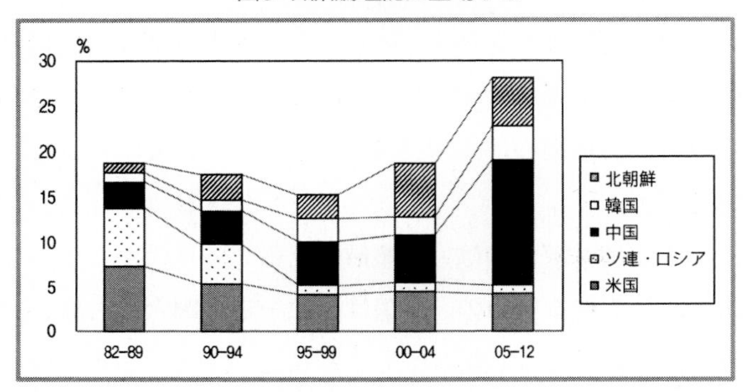

注:「諸君!」「正論」「WiLL」掲載記事から計数

それが今世紀に入ると、本格的な「アジアシフト」——近隣諸国を敵とした記事が目立つようになった。まず、北朝鮮の比率が急増する。これは、2002年に小泉純一郎首相が平壌を訪問した際、金正日総書記が日本人の拉致を認め遺憾の意を示したことによる。これ以降、日本では激しい北朝鮮バッシングが起こり、「拉致問題」は核開発と同等あるいはそれ以上の外交課題となった。拉致された人数でいえば、韓国の500人に対して日本は20人程度とはるかに少ない。にもかかわらず、日本では拉致問題が日朝間の最重要課題となったこと自体興味深いが、それについてはこれ以上立ち入らない[3)]。いずれにせよ、2002年時点で官房副長官だった安倍晋三は、拉致問題で対北朝鮮強硬派として人気を高めたことで、小泉の後継者としての地位を確立したのである。

2000年代後半以降になると、北朝鮮に加えて韓国と中国の比率も各段に高まった。これは、小泉首相の靖国神社参拝、独島や尖閣諸島といった領土問題、中国脅威論、後述する歴史問題を背景としている。その結果、1982～89年に4.6%だった三国の登場頻度は、1990～99年には8.9%と2倍に、2000～12年には19.0%と4倍に達した。80年代の仮想敵国だったソ連が6.5%だったのと比較すれば、極右が近隣諸国をいかに敵視しているかがわかる。日本で嫌韓憎中本が売れる背景はここにあり、『月刊宝島』という雑誌では韓国や中国を叩く特集を組むと、売り上げが3割伸びたという[4]。在特会も、そうした機会に乗じて勢力を伸ばしたものと考えられる。

ただし、3ヶ国の扱いには一定の差があることにも注意せねばならない。2013年5月に在特会がウェブ上で行った投票結果では、5,272名のうち78%(4,123人)が韓国を「一番嫌いな国」としていた。中国は12%(652人)、北朝

3) B. Williams and E. Mobrand, "Explaining divergent responses to the North Korean abductions issue in Japan and South Korea," *Journal of Asian Studies* Vol.69, No.6, 2010.
4) 共同通信記者の取材による。

鮮は4%(246人)だから、在特会の「嫌韓」ぶりは突出している。それに対して、極右雑誌では韓国の比率が高まったといっても、北朝鮮の3分の2、中国の3分の1しか登場しない。在特会とは異なり、中国に対する関心が圧倒的に高いといえる。

これは、三国との間に抱える問題の相違によるだろう。韓国との問題は歴史認識に集中し、北朝鮮とは拉致と核開発という二大問題がある一方で、国交がないため歴史問題は浮上していない。それに対して中国は、安全保障、歴史、経済のすべてに関わる敵とみなされている。中国の存在感が高まるにつれて、各誌が組む特集のタイトルも、「北東アジア·中国覇権の地政学」という大人しいものから、「忍び寄る中国覇権に屈するのか」「これでも『中国は脅威ではない』と言い張るか!」というヒステリックなものへと変化していく。

こうした見出しは極端だが、世論からまったく乖離しているわけではない。進歩派の代表たる『朝日新聞』でも、中国に対して警戒的な論調が目立つようになっており、中国脅威論の裾野にはかなりの広がりがある。極右は、そうした状況を利用して勢力拡大をはかっており、中国は極右にとっての「お得意様」だともいえるだろう。

3.2. 歴史問題の浮上と「反日」の氾濫

では、排外主義運動が中国ではなく韓国に固執するのはなぜか。「主権回復を目指す会」や「排害社」(2012年に解散)のように中国人排斥を掲げる団体もあるが、排外主義の標的となるのは圧倒的に在日コリアンだった。その最大の原因は、在特会の排外主義が歴史修正主義から生まれたことにあると考えられる。

そもそも、在特会創設者の桜井誠は、日韓の歴史問題に対する関心から活動を開始している。2002年当時、一介のネットユーザーでしかなかった桜井は、この頃に始まった中央日報の翻訳掲示板で韓国人ユーザーと歴史問題に関して議論し始めたという。彼は、掲示板に投稿した文章をまとめて「不思議の国の韓国」というホームページを作り、ネット上で仲間を作っていった。これは、韓日の歴史問題を主に扱うものだったが、それが転じて在日コリアンの歴史を標的とするようになっていく。

これ自体は、ネット上でのやりとりから作られた動きといってよいが、その背景には極右全体の関心の変化がある。図4は、1980年代には軍事・防衛と歴史問題がほぼ同じ比率で取り上げられていたことを示す。この頃は、中曽根内閣が対ソ連の日米同盟を掲げて軍事予算を増大させており、防衛費がGNPの1%を超えるかどうかに関心が集まっていた。東西冷戦が終わると、軍事·防衛関係記事の比率が激減する一方で、歴史関連の記事は増加していった。今世紀に入ってからは、1990年代前半までの倍以上の記事が載るようになり、極右にとっての最重要課題となっている。

そこで繰り返される論点は大きく2つある。第1は、「中国と靖國と『歴史カード』」という特集名が示すように、韓国と中国は歴史を外交に利用しているというものである(こうした見方は、歴史修正主義者以外にも一定程度共有されている)。第2は、「日本を貶める『歴史捏造』に徹底反撃する」というように、歴史そのものが間違いであるとするもので、現在に近づくにつれて第2の論点が前面に出されるようになった。

桜井も、極右の関心が歴史問題に向かっていく影響を受けて、自らの活動を広げていったといえる。そこで見出したのが、日帝時代に「日本国民」だった過去を持つ在日コリアンの歴史だった。たとえば1991年以降、在日コリアンの法的地位(在留資格)は「特別永住」という資格で統一されている。紆余曲折の末、日本国籍を持っていた歴史的経緯を踏まえて設けられた資格である。しかし、その「歴史的経緯」の否定――それこそが歴史修正主義である――により、特別永住資格は「在日特権」だとして攻撃対象となる。

図4 イシュー別の登場頻度

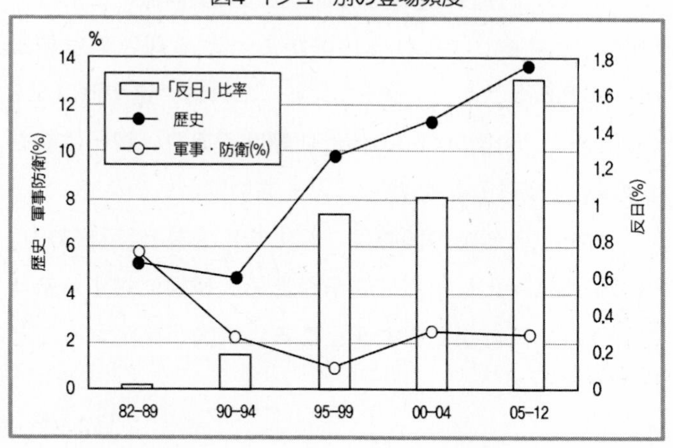

歴史修正主義が他者を攻撃するキーワードは、「反日」である。「中華人民反日共和帝国」あるいは「反日"包囲網"を打ち破るために」といった特集タイトルが示すように、日本は敵意を持った隣国に囲まれているとみなされる。図4をみると、1980年代には「反日」という言葉が使われることはほとんどなかった。しかも興味深いこと

に、1990年代前半まで「反日」としてやり玉に挙げられるのは、「朝日『論壇』を手玉にとった反日教科書の筆者」という記事が示すように、日本の進歩派であった。

1990年代後半になると、「韓国の反日外交をいかに断ち切るか」といった具合に近隣諸国に対して適用されるようになり、件数も急増する[5)]。さらに興味深いことに、「反日」と関連付けられる比率がもっとも高いのは韓国(8.4%)であることを、図5は示す。これは、進歩派(2.3%)の4倍近く、中国(4.8%)の倍近い頻度であり、韓国は極右からみて「反日国家度」がもっとも高い国ともいえる。

排外主義運動の関心は、歴史修正主義と「反日勢力」への敵意に特化した点に特徴がある。韓国に対する敵意の強さは、両者が交差するところに韓国が存在することによるのだろう。

5) 上丸洋一、『「諸君！」「正論」の研究──保守言論はどう変容してきたか』、岩波書店、2011。

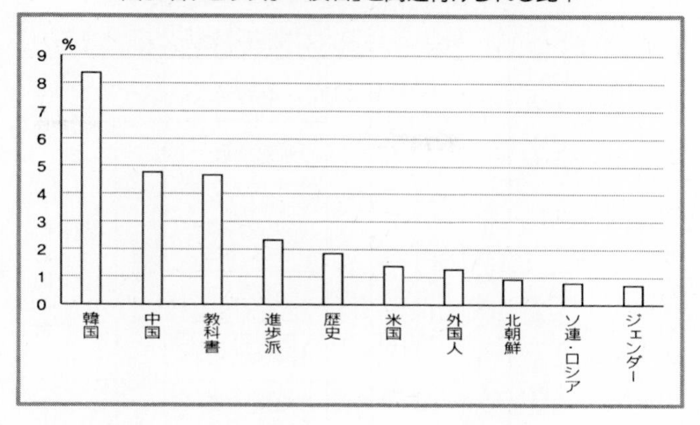

図5 各トピックが「反日」と関連付けられる比率

4. 日本の極右勢力

4.1. 極右勢力の社会的基盤

冒頭で述べたように、極右という名前こそつけられなかったものの、日本には極右と呼びうる勢力が存在してきた。日本の極右は、何を基盤としてどの程度の広がりがあるのか。表5では、政党、利益集団・社会運動、社会的基盤という3つの層に分けて、掲げるイデオロギーごとに代表的な極右勢力を示した。

表5　日本の極右政党と極右運動

<table>
<tr><th colspan="3">イデオロギー</th><th colspan="3">政党</th><th colspan="2">利益集団・社会運動</th><th colspan="3">社会的基盤</th></tr>
<tr><td rowspan="7">ナショナリズム</td><td rowspan="2">排外主義</td><td>外国人排斥</td><td rowspan="7">自民党右派</td><td rowspan="7">おおさか維新の会</td><td rowspan="7">日本のこころを大切にする党</td><td rowspan="7">日本会議</td><td>在特会</td><td colspan="3">インターネット</td></tr>
<tr><td>対外強硬派</td><td>救う会</td><td rowspan="6">宗教右派</td><td rowspan="4">経済団体</td><td></td></tr>
<tr><td colspan="2">歴史修正主義</td><td>新しい歴史教科書をつくる会</td><td rowspan="3">旧軍関係者</td></tr>
<tr><td rowspan="3">伝統主義</td><td>家父長主義</td><td>英霊にこたえる会</td></tr>
<tr><td rowspan="2">尊皇主義</td><td>日本女性の会</td></tr>
<tr><td rowspan="2">街宣右翼
勝共連合</td><td colspan="2" rowspan="2">暴力団</td></tr>
<tr><td colspan="2">反共主義</td></tr>
</table>

注：日本女性の会は日本会議の下部組織。

日本で右翼といわれるのは、表5の下側にある街宣右翼である。街宣右翼が奉じる国粋主義の源流は江戸時代の国学にあり、戦前には現実政治にも強い影響力があった。敗戦によって右翼は政治の場からおおむね退場し、大きな街宣車で軍歌を流すだけのマイナーな存在となっていった。

ただし、街宣右翼は極右の一部でしかなく、戦後になって政治に影響を及ぼしていたのは利益団体としての極右勢力だった。第二次安倍政権になってから、日本最大の極右団体たる日本会議の国会議員懇談会に加入している閣僚の多さが注目されるようになった。だが、それ以前から日本会議は自民党を中心に100人単位の国会議員を組織しており、単に可視化しなかっただけのことである。

その意味で、極右と呼びうる政治家の集団はかつてから存在した。その先駆けともいえるのが、1973年に石原慎太郎ら31人の自民党国会議員が結成した青嵐会である。彼らは、「教育の正常化」「自主独立の憲法を制定」といったナショナリズムや伝統主義も掲げるが、より強調したのは親韓国·親台湾を基調とした反共主義的な外交政策だった。官僚出身者がほとんどいない点で非エリート集団だったが、選挙に強く当選回数を重ねたため、後に首相(森喜朗)や閣僚を多く輩出している[6]。

ただし、青嵐会は極右として安定した支持基盤を持っていたわけではなく、今日の排外主義とのつながりは弱い。この当時の極右で重要なのは、生長の家を中心とする宗教右翼と日本遺族会(遺族会)であり、自民党を右寄りに引っ張る有力な支持団体だった。これらの組織は、参議院に組織代表を送り込むだけの集票力を持った

6) J. Babb, "The Seirankai and the fate of its members: The rise and fall of the new right politicians in Japan," *Japan Forum*, Vol.24, No.1, 2012.

団体であり、それが極右の大きな基盤となってきた。

遺族会は、第二次世界大戦で戦死した日本軍兵士の家族を組織する会である。1947年の設立時には日本遺族厚生連盟という名称だったことが示すように、遺族に対して年金など経済的補償を求める利益団体として、遺族会は出発した[7)]。ところが、1950年代になると戦没者の慰霊も要求として掲げられるようになり、1952年には早くも靖国神社での慰霊行事に国費を支給するよう求めている。後者の要求は、今日に至る極右運動の大きな柱となっていく。

他方の宗教右翼は、遺族会とは異なり当初からナショナリズムと伝統主義を掲げていた。これらは教義の重要な要素であり、イデオロギー的な要求は教団の存在意義に関わることといってもよい。ここでいう宗教右翼とは、最大勢力としての生長の家、主要組織としての神社本庁や霊友会など、かなり多くの宗教教団が該当する[8)]。なかでも生長の家は、左派の学生運動に対抗する青年組織を築き上げ、そこから鈴木邦男[9)]など多くの

7) 田中伸尚・田中宏・波田永実、『遺族と戦後』、岩波書店、1995。
8) 日本の宗教右翼については (塚田穂高、『宗教と政治の転轍点——保守合同と政教一致の宗教社会学』、花伝社、2015)が詳しい。
9) 本シリーズReading Japan 19巻『私はなぜヘイトスピーチを嫌うの

右翼活動家を輩出した[10]。

遺族会、軍恩連盟全国連合会、日本郷友連盟といった旧軍人関係組織と宗教右翼の共通点は、その集票力にある。特に自民党の党員に占める割合は高く、これら極右組織の意向は無視できない重みを持つ。旧軍人関係組織は、1990年前後の自民党員の数では遺族会が16万人、軍恩連盟が23万人と、全国郵便局長会·OB会(大樹)と並ぶ御三家と呼ばれていた[11]。ただし、旧軍関係者が増えることはないから、高齢化によって減少し活動も低調にならざるをえなかった。その一方で、宗教右翼には若い世代が参入していくし、80年代以降も統一教会、キリストの幕屋、幸福の科学といった新たな教団が加わって一定の勢力を保ち続けている。

表5が示すように、日本の極右の社会的基盤となってきたのは、旧軍人関係者と宗教右翼、JCのような経済

か、日本の右翼が見る日本のネット右翼』(J&C、2015。)の著者。

10) 生長の家は、一時期は複数の国会議員を輩出していたが、教組の代替わりにより1980年代に政治活動から実質的に撤退した。現在は、むしろ歴史修正主義を否定する立場に転じている(寺田喜朗、「新宗教とエスノセントリズム──生長の家の日本中心主義の変遷をめぐって」『東洋学研究』、45号、2008)。

11) 吉田裕、『兵士たちの戦後史』、岩波書店、2011。
板垣正、『靖国公式参拝の総括』、展転社、2000。

右翼、組織化されないインターネット·カルチャーだった。次項では、こうした社会的基盤をもとに、どのような運動が展開されてきたのか、具体的なイシューについてみていこう。

4.2. ナショナリズムと伝統主義 –初期の極右の争点

戦後日本のナショナリズムは、近隣諸国に対してよりも米国に対する両義的な態度から出発している。すなわち、米軍占領下で廃止ないし変更された戦前の制度の復活が、ナショナリズムにとって最大の課題となった。それに比べると、北方領土問題という対ソ連のナショナリズムは、限定的な影響しか及ぼしてこなかった。

さらに、そこで回復されるべき制度は伝統主義の装いをとっているが、現実には古くからの伝統などではなく、ほとんどが明治時代に作られたものである。後述する紀元節、元号法制化は明治期の近代天皇制と不可分の関係にあり、靖国神社も国家神道のもとで生み出された。その意味で、日本のナショナリズムと伝統主義には密接な関係があり、さらにそれは明治から敗戦に至る社会を美化する歴史修正主義も内包していた。この3つの結びつきが、日本の極右の基本的なイデオロギーをなしている。

戦後の極右運動による組織的な取り組みは、1951年に始まった紀元節の復活を嚆矢とする[12)]。紀元節は現在の建国記念日(2月11日)にあたり、初代の神武天皇が紀元前660年に国を作った日とされる。明治以降は紀元節が祝日とされていたが、敗戦により廃止されたのを復活させようとする運動だった。主体となったのは、旧軍人関係組織と神社本庁や生長の家など宗教右翼であり、1950年代には極右の中核が実際に動いていたことになる。その後、1958~64年の間に6回法案が提出されたが廃案になり、1966年にようやく「建国記念日」として成立した。この背景として、自民党が社会党に配慮して法制定に消極的だったことが挙げられるが、結局は成立させるに足る力が運動側にあったわけである。

こうした運動の体制は、次のイシューたる元号法制化と靖国神社の公的利用に際して体系化が進んでいく。

12) K. J. Ruoff, *The People's Emperor: Democracy and the Japanese Monarchy, 1945-1995,* Cambridge, MA: Harvard University Asia Center, 2001.

日本には、ある天皇に対して特定の元号(現在は平成)をつけるが、その法的な裏付けとなるのが元号法である。元号自体は戦後にも廃止を免れたが、元号の法的な根拠があるわけではなく使用は義務ではなかった。それゆえ、公的機関で元号使用を義務づけ広く元号使用を定着させるべく、1968年から始まった法制化運動は1979年の元号法制定という成果を勝ち取る。

この時には、単に国会に対する働きかけだけでなく、沖縄を除く46都道府県議会と市町村議会の半数以上が元号法制定を求める意見書を採択するなど、草の根に運動が広がった。この時には神社本庁と生長の家が中心に運動が組織されたが、国会で反対したのは社会党(現社民党)と共産党だけであり、元号法自体はかなり広い支持を得ていた。

法制化運動を1つのきっかけとして極右の組織化が進んだことが、この時期の特徴の1つとなるだろう。まず、1974年に宗教右翼を幅広く束ねた「日本を守る会」が、1976年に旧軍人関係団体を主とした「英霊にこたえる会」が設立された[13]。そして元号法制化実現国民会議

13) 山口啓二·松尾章一編、『戦後史と反動イデオロギー』、新日本出版社、1981。

を母体として、1981年には憲法改正を主目的に掲げる「日本を守る国民会議」も結成されている。日本を守る会と日本を守る国民会議は、1997年に合併して日本会議になっており、現在に至る極右運動の屋台骨を支える体制がこの時期にできたことになる。

ナショナリズムと伝統主義の結合――敗戦により廃止された制度の復興運動は、この後も国旗国歌法制定、教育基本法改正や憲法改正へとつながっている。伝統主義にもとづく運動としては、男女平等やジェンダー教育に対するバッシングも見逃せない[14)]。だが、社会運動としての極右という観点からより重要なのは、冷戦終焉後に浮上する歴史修正主義から排外主義に至る流れであった。

4.3. 歴史修正主義と排外主義 ――1990年代以降の極右の争点

歴史修正主義の始まりは1950年代にさかのぼるが、それが極右運動の課題となったのは1980年代からであった。1982年には、高校日本史教科書で日本軍の中国「侵略」

14) この点については、山口智美・斉藤正美・荻上チキ、『社会運動の戸惑い――フェミニズムの「失われた時代」と草の根保守運動』、勁草書房、2012を参照。

が「進出」に書き換えられたことが、主に中国との間で外交問題となった。これを受けて、日本を守る国民会議は独自の歴史修正主義的な日本史教科書を自ら編纂したが、社会運動と呼びうるような広がりはない。

歴史修正主義が大きな問題になったのは、前章でみたように1990年代に入ってからである。この時には、冷戦終焉、昭和天皇の死去、自民党政権の崩壊、韓国の民主化と歴史問題の浮上といった要因が重なり、歴史清算に向けた動きが相次いだ。具体的には、「慰安婦」問題をめぐる河野洋平·内閣官房長官談話(1993年)、侵略戦争をめぐる細川護熙首相談話(1993年)、戦後50年での村山富市首相談話(1995年)が出されている。

そうした動きへの反動として、歴史修正主義が政治家と運動の双方において広がっていった。1993年には非自民連立政権での細川談話に対抗して、自民党が歴史·検討委員会を設置、敗戦に至る日本の歴史を正当化する報告書を、村山談話と同じ日にぶつけて出版した[15]。この時期には、終戦50年国会議員連盟、「明るい日本」国会議員連盟といった戦前派議員が主体となった組織のほか、

15) 歴史·検討委員会、『大東亜戦争の総括』、展転社、1995。

安倍晋三・現首相が事務局長となった「日本の前途と歴史教科書を考える若手議員の会」も作られている[16]。歴史修正主義の教科書をめぐる運動は、この若手議員の会との連携により進んでおり、その意味で後に与えた影響も大きい。

市民社会の側では、1997年に「新しい歴史教科書をつくる会(つくる会)」が結成された。会の中核を担うのは、日本会議など宗教右翼(キリストの幕屋という新宗教と神道関係者、最近は幸福の科学)だが、若手経営者の集まりであるJCも関与している。さらに、既成組織に所属しない一般市民や教員も担い手となっている点で、在特会につながる質的な新しさがある。これは、従来の右派文化人だけでなく著名な漫画家である小林よしのりが関与し、自らの著作『ゴーマニズム宣言』で宣伝したことにもよるだろう。

しかし、一般参加者の調査記録からは、別の現実も読み取ることができる。すなわち、左派的な歴史観に違和感を抱く層が一定程度存在し、つくる会がその受け皿になったのではないか[17]。このような意識は急に沸き

16) 日本の前途と歴史教育を考える若手議員の会編、『歴史教科書への疑問』、展転社、1997。

上がったものではなく、1990年代以前も存在していたが組織化されていなかったと思われる。つくる会という新たな組織の供給が、歴史修正主義に対する潜在的な需要を開拓したわけであり、排外主義についても同様のことがいえるだろう。

一般市民の参加やイシューの継続性といった点で、つくる会と在特会には一定の共通点がある。また、内紛や逮捕者の続出など、組織運営のまずさが運動の拡大を妨げた点でも共通している。しかし、歴史修正主義運動は政治の強力な支援を受けたのに対して、排外主義運動はそうではなかった。教科書採択に際しては、今でも政治家が修正主義的教科書を選ぶよう陰に陽に働きかけている。在特会は、政治家が幹部との関係を指摘されても全否定する程度に、厄介者扱いされている。このことが、前者の継続と後者の衰退という結果の相違をもたらした一因と考えられる[18]。

17) 村井淳志、「自由主義史観研究会の教師たち──現場教師への聞き取り調査から」『世界』、633号、1997。小熊英二・上野陽子、『〈癒し〉のナショナリズム──草の根保守運動の実証研究』、慶應義塾大学出版会、2003。

18) 極右運動にとって政治との結びつきが重要なのは、「北朝鮮に拉致された日本人を救出するための全国協議会(救う会)」の例をみてもわかる。救う会は、安倍晋三など拉致問題に関わる

4.4. 日本における極右政党

戦後日本において、大日本愛国党(1951)や維新政党·新風(1995)など選挙に出馬した小さな極右政党は五指に余るが、長らく議席を得ることはなかった。これは、自民党が長らく政権党の座にあったことが背景にあると考えられる。1955年の保守合同による結党以来、自民党は綱領に憲法改正を掲げており、戦前の全体主義につながる極右的な勢力を内部に抱えていた。遺族会や生長の家が輩出した国会議員も、全員が自民党に所属していた。

しかし、保守本流と呼ばれる自民党の主流は、護憲派の穏健保守であり、イデオロギー色の強い政策は緩慢にしか実現しなかった。その自民党が長きにわたり与党の座にあったため、極右団体も自民党の支持母体であり続け、独立した極右政党を結成する誘因は働かなかった。55年体制下で自民党から飛び出した政党は、新自由クラブ、日本新党、新党さきがけなど、むしろ都市部のリベラル票の掘り起こしを狙っていた。自民党より「少し左」にはニッチがあったが、「右」にはなかったからだと考えられる。

しかし、小泉政権での新自由主義的改革と2009年の

政治家と密接な関係を保つことで影響力を発揮してきた。

民主党政権誕生は、本格的な極右政党を生み出した。「たちあがれ日本」から「日本のこころを大切にする党」に至る流れは純粋な極右政党だし、日本維新の会も欧州基準でいえば極右政党に入る。これは、55年体制下での保守新党が占めていた位置を民主党が継承し、自民党より「右」にしかニッチがなかったことが一因だろう。

これらの政党は、幾度も党名を変えて離合集散を繰り返すなど不安定で、将来を占うには不確定要因が多すぎる。しかし、2つの点で日本に極右政党が定着する可能性を指摘することはできるだろう。

第1に、日本のこころを大切にする党は2014年の衆議院選挙(当時は次世代の党)において、19議席から2議席まで減少する惨敗を喫した。しかし、その際に掲げた政策は、「生活保護制度を日本人に限定」「移民の国籍取得要件の厳格化、特別永住制度の見直し」「入国管理と治安警備強化」など極右色を鮮明にしている。こうした政党が登場したこと自体、日本ではかつてなかったことであり、極右的な政策が旗印になりえるということでもある。

第2に、おおさか維新の会は大阪府知事·市長を歴任した橋下徹が作り上げた政党である。一時は圧倒的な人気を誇った橋下は、競争原理の信奉や弱者切り捨てなど新自由主義を一貫して掲げていた。その一方で、憲法改正については安倍首相に近く全体的に自民党より右寄りであるものの、目立って極右的な政策を掲げたわけではない。しかし、急ごしらえの維新の会が2012年の衆議院選挙で第3党になったことは、人気のある党首がいれば新興の極右政党が台頭する可能性を示したともいえる。

5. 極右とどう対峙するか

これまでみてきたように、日本の極右は敗戦により失われた戦前の体制復興を大きな目標としてきた。これについては、首相の靖国神社参拝と憲法改正を除けば、ほぼ達成されたといってよい程度の成功を収めている。それに加えて、近隣諸国との摩擦を引き起こす原因でもあり結果でもある、歴史修正主義と排外主義が新たな極右の拡大要因となってきた。こうした極右イデオロギーは、日本政治が正常に機能する障害となるし、その実現によって失うものが大きい。

それゆえ、極右勢力と対峙しその影響を最小限にとどめることが、政治の理念としても現実的な要請としても求められている。かつては自民党内の保守本流がブレーキ役となってきたが、その機能が弱まった現状でどのような統制手段があるだろうか。最後にこの点を考えてみたい。

5.1. 外圧

今世紀に入ってから、日本の政治は右傾化が進んだといわれている。しかし、靖国神社に関する行動についていえば、現在はむしろ沈静化しているとみることもできる。元号法制定運動と同時期にあたる1969年以降、5年間で5度にわたり靖国神社を国営化するための法案が提出された。いずれも廃案に追い込まれているが、1975年8月15日の終戦記念日には、当時の三木武夫首相が戦後の現職首相として初めて靖国神社を参拝した。

図6が示すように、首相の靖国神社参拝はこれ以降の10年間に集中している。その集大成が1985年に中曽根康弘首相が行った公式参拝だったが、中国の強い抗議を受けてそれ以降は行われていない。1996年に橋本龍太郎首相が参拝したのは、遺族会会長という立場によるところが大きい。その後、小泉首相は毎年参拝を繰り返して

外交関係を悪化させた。それゆえ、後継の第一次安倍内閣で安倍首相は参拝できなかったし、第二次安倍内閣でも2013年に一度参拝したにとどまる。

中曽根以降の参拝の自粛は、国内の反対勢力を考慮したわけではなく、韓国、中国との関係を悪化させないことを念頭においたものである。その意味で、外圧は極右的な行動の少なくとも一部を抑制する要素となる。

図6 首相の靖国神社参拝

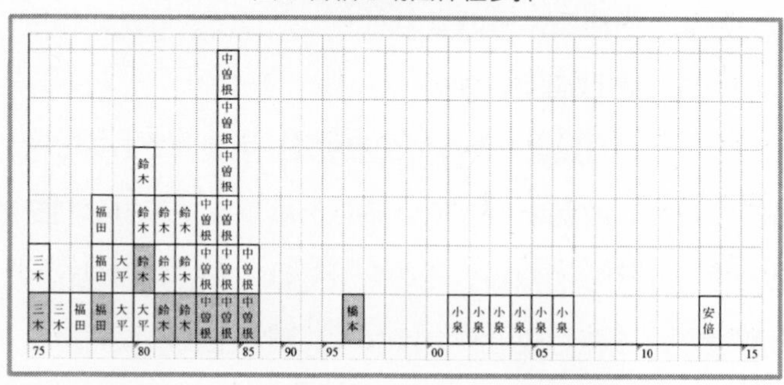

出典：S. A. Smith, *Intimate Rivals: Japanese Domestic Politics and a Rising China*, New York: Columbia University Press, 2015, p.77より作成

注：網掛けは終戦記念日(8月15日)に参拝した場合を指す。

5.2. 現実主義

外圧と関わる要素だが、現実主義的な判断をする勢力も極右に対する抑止力になりうる。2015年末には、日本の外務大臣が韓国を訪れ、「慰安婦」に関して朴槿恵大統領と安倍首相の間で合意がなされたと発表した。合意といっても、文書を交わすような厳密なものではなく、それぞれが内容を解釈する余地を大きくとった点で、実効性には疑問がある。また、背景には「慰安婦」問題の一定の解決を求める米国の意向があった点で、外圧が作用していることは間違いない。

しかし、自民党内きっての歴史修正主義者である安倍首相でさえ、政権を担っている以上は現実主義的な判断をせざるをえなくなる。その背景には、安倍の「お友達」と揶揄される極右政治家ではなく、現実主義的な発想をする勢力がある。安倍のFacebookに抗議のコメントを書いたような歴史修正主義者は、現実主義者にしてやられたともいえる。欧州ならば、極右的な政策は民主主義に対する挑戦として隔離されてきたが、日本ではそうした規範的な批判は期待できない。その代わりに、国益に反する極右の政策を現実主義者が退けることで、その政策的影響力を弱めることができるだろう。

5.3. 市民社会での対抗

今世紀に入ってから、確かに政治家の好む政策は右寄りになったが、有権者に変化はないという調査結果がある[19]。在特会が台頭したのは今世紀に入ってからだが、これは政治の右傾化とインターネットの普及という機会をとらえた結果だというのが、筆者の調査の結論であった[20]。安倍政権において日本会議に関係する閣僚の数が増えたのは、いわば政治に限定されたことであり、市民社会が極右を受け入れるようになったわけではないともいえる。

その好例が在特会であり、国会で問題視されても政府は特に対策をとろうとしなかった。それに代わって在特会の出足を止めたのは、反レイシズムの対抗運動であり、結果的には市民社会が自らの力で排外主義者を追いつめたことになる。在特会は日本社会に根付いた排外

---

19) 谷口将紀、「日本における左右対立(2003～14年)―政治家・有権者調査を基に」『レヴァイアサン』、57号、2015。
20) 樋口直人、『日本型排外主義―在特会・外国人参政権・東アジア地政学』、名古屋大学出版会、2014。

感情から生まれたというよりは、政治と技術的要件の変化の産物とみなしたほうがよい。市民社会により強く根付いていたのは、在特会的なものを嫌悪する感情の方であり、それが極右を抑制する要因となる。

もう1つだけ例を挙げよう。歴史修正主義の教科書は、2001年に検定を通って選択肢の1つになった。日本の教科書は、1つないし複数の市町村からなる地区単位で4年ごとに使う教科書を決めるが、歴史修正主義の教科書の採択率は予想外に低かった。それが組織分裂の原因の1つになったくらいであり、2015年には過去最高となるものの3.6%に留まった。極右政治家が肩入れしても採択率は低いままであり、市民社会が極右勢力に歯止めをかけ続けている。

極右勢力も、確かに市民社会に強く根を張っている。しかし、それが社会の標準になっていくほどには、日本の市民社会は極右に寛容ではない。その意味で、日本の市民社会は在特会のおぞましい姿が映し出すよりもはるかに健全だともいえる。

저 자 | 히구치 나오토(樋口直人)

1969년 가나가와 현에서 태어났다.

1994년 히토츠바시대학 사회학부를 졸업한 뒤 1996년 동대학원에서 석사과정 수료. 1997년부터 1999년까지 일본학술진흥회 특별연구원, 1999년부터 도쿠시마대학 종합과학부 인간사회학과에서 강사로 교편을 잡아, 현재 준교수로 재임 중이다.

『日本型排外主義』로 사회학 박사학위를 받았다.

저서로는 2015년 한국에서 출간한『폭주하는 일본의 극우주의: 재특회, 왜 재일 코리안을 배척하는가』외에,『ソーシャル・キャピタル－ソーシャル・キャピタルと社会運動』(소셜 캐피탈－소셜 캐피탈과 사회운동),『国際社会学－トランスナショナルな移民ネットワーク』(국제사회학－트랜스내셔널한 이민네트워크) 등이 있다.

역 자 | 김영숙

도쿄대학 대학원 인문사회계연구과 일본사학과에서 일본근현대사를 전공하였으며, 『일본 외교에서의 새로운 국제질서의 모색-만주사변에서 일소중립조약까지』로 박사 학위를 받았다. 저서로 『근대 일본의 동아시아정책』(2009, 선인), 역서로 『만주사변에서 중일전쟁으로』(가토 요코 지음, 어문학사, 2012, 일본근현대사 시리즈 5)가 있다.

현재 아주대학교에서 일본사와 일본 문화를 가르치고 있다.

IJS 서울대학교 일본연구소
Reading Japan 20

재특회(在特会)와 일본의 극우

배외주의운동의 원류를 찾아서

在特会と日本の極右
—排外主義運動の源流をたどって

초판인쇄 2016년 05월 10일
초판발행 2016년 05월 17일

기　　획 서울대학교 일본연구소
저　　자 히구치 나오토(樋口直人)
역　　자 김영숙
발 행 처 제이앤씨
발 행 인 윤석현
등　　록 제7-220호

주　　소 서울시 도봉구 우이천로 353 성주빌딩 3F
전　　화 (02)992-3253(대)
전　　송 (02)991-1285
책임편집 이신·박소영
전자우편 jncbook@hanmail.net
홈페이지 http://www.jncbms.co.kr

ISBN 979-11-5917-015-7 03300　　　　**정가** 7,000원